ORO PARA QUE TU VIDA Y LA MÍA, TUS DÍAS Y MIS DÍAS, TU MUERTE Y LA MÍA, GENERE EN OTROS LO QUE NADIE PUDO GENERAR. QUE SEAS PELIGROSO, COMO LO FUE JESÚS.

MENTES PELIGROSAS

ADRIÁN INTRIERI

Mentes Peligrosas
Publicado por Kate&Cumen 2017
Monterrey, NL. México

Primera Edición 2017

Edición por: **David Gaitán**
Diseño de portada e interior: **Juan Shimabukuro @juanshima**
Fotografía de portada: Martin Aurelio **Touch Producciones**

ISBN-10: 1-947356-00-3
ISBN-13: 978-1-947356-00-9

Distribuido por: Kate&Cumen
kateandcumen.com
Dirección: 9602 Antoine Forest Dr. San Antonio Tx. 78254 USA

Impreso en: Estados Unidos de América
Por: VERSA PRESS, INC.
1465 Spring Bay Road
East Peoria, IL 61611

CONTENIDO

PRÓLOGO DE JESÚS ADRIÁN ROMERO

Algo está sucediendo en Latinoamérica... Al momento solo se ve como una pequeña nube «del tamaño de la mano de un hombre, que sale del mar», pero con el potencial de convertirse en un aguacero.

En diferentes partes del continente se están levantando voces que se están uniendo a otras voces, sin ponerse de acuerdo, han empezado a armonizar alrededor de la misma melodía y el mismo mensaje: La iglesia o la interpretación de la fe necesita deconstruirse.

Adrián Intrieri es una de esas voces y este libro es parte de esa conversación tan necesaria.

La temática de este libro, aunque es necesaria para todos, está más dirigida a jóvenes y adolescentes.

Debido a su profesión como psicólogo enfocado a la problemática adolescente, Adrián entiende la necesidad de dirigir sus esfuerzos a una generación en proceso de formación, una generación que está expuesta a todo tipo de información y no puede ser dirigida por dogmas y leyes, una generación que busca una fe congruente con la realidad que está viviendo.

Mentes peligrosas es un libro que de una manera coherente explica y se pronuncia en contra del cristianismo dogmático y militante.

Algunos de los temas invitan a un forma de crecimiento espiritual mas apegado a la inteligencia, con pinceladas de psicoanálisis que son imposibles de evitar para alguien cuya profesión es la psicología.

Este es un libro que no sólo debe ser leído por jóvenes y adolescentes, sino por líderes de jóvenes y pastores que buscan relevancia en el trabajo que llevan a cabo.

Que las *mentes peligrosas* se multipliquen en nuestra amada Latinoamérica.

Jesús Adrián Romero

PRÓLOGO DE JUNIOR ZAPATA

Solo una mente peligrosa como la de Intrieri podría escribir un libro titulado *Mentes Peligrosas*.

Todos piensan; pero no todos piensan igual. Aquellos que de niños dibujaban afuera de las líneas, son aquellos con *mentes peligrosas* porque desde niños han pensado diferente. ¿Diferente a qué? A lo establecido, y ese es el verdadero peligro de una *mente peligrosa*; el desafío a lo establecido.

Los de *mente peligrosa* son como un potro salvaje en una tienda de cristalería. Todos pensarían al momento del desastre echarle la culpa al potro, nadie pensaría en quién lo colocó en medio de la tienda o si la cristalería realmente valdría la pena.

Una mente se vuelve peligrosa cuando se le coloca en medio de la tienda de lo delicado y frágil de una religión de autoridades incuestionables y métodos inflexibles.

La mente de tanto joven brillante no es la peligrosa, es la religión la que corre peligro por delicada y frágil; y si es tan delicada y frágil tal vez no vale la pena creer en ella.

Dios bendiga esta tierra de América Latina donde están floreciendo *mentes peligrosas* que a veces arrancan y a veces destruyen, a veces arruinan y a veces derriban, y a veces edifican y a veces plantan.

Junior Zapata

PRÓLOGO DE GUSTAVO FALCÓN

Tener en mis manos *Mentes Peligrosas* es tener una joya convertida en letras que formulan palabras que nos vienen a ESTREMECER la mente para redefinir tantas cosas relacionadas con la iglesia y sus frías tradiciones sin sentido, me emociona en demasía poder leer este libro de mi amigo Adrián Intrieri.

Quien se atreve a redefinir a Jesús, a la iglesia y la fe, seguramente es considerado como una persona con *mente peligrosa*, es por eso que Jesús fue visto como «peligroso» tanto es así que día a día lo perseguían para matarlo.

Un grupo de fariseos eran incomodados por un hombre que pensaba diferente acerca de Dios, hablaba diferente, ese hombre llamado Jesús dejó de juzgar para comenzar a amar y eso le costó la vida.

Las *mentes peligrosas* son las que cambian el rumbo del mundo para bien o para mal, pero siempre están provocando un giro inesperado para todos aquellos que habitamos en él.

La Iglesia necesita un giro inesperado que obviamente será para bien ¡Tranquilo! no hay nada de que preocuparse, dije: ¡Para bien!

URGE para la Iglesia un cambio de rumbo, un nuevo mapa, alguien con valentía que nos diga así no era y podamos ser llevados a una reforma que cabe mencionar no tendría nada de extraño si recordamos como Dios tiene temporadas y períodos donde levanta reformadores que provocan cambios y rumbos diferentes para nuestra amada Iglesia.

La Iglesia debería tener avidez de ver a las generaciones nuevas enamorarse de Jesús y no alejarse de Jesús y de eso depende el cómo hacemos Iglesia en este tiempo.

Esto es lo que provocará este libro, cambios y reforma en nuestra manera de pensar, provocará cambios para bien a los que estamos esperando un día nuevo para la iglesia y obvio que incomodará a aquellos que están enamorados y abrazados a una religión fría y sin relevancia.

No olvidemos que hay personas que aman más su tradición que a su generación.

Recordemos aquella historia donde Jesús llega cerca de la ciudad y al verla, llora sobre ella, y en Lucas 19:44 dice: *y te derribarán a tierra, y a tus hijos dentro de ti, y no dejarán en ti piedra sobre piedra, por cuanto no conociste el tiempo de tu visitación*.

Me impresiona como 70 años después proféticamente hablando, estas palabras de Jesús se cumplen y entonces vemos a una generación pagar el precio de la religiosidad y la terquedad de hombres y mujeres segados por su legalismo.

Mentes peligrosas escrito por Adrián nos invita a amar más a nuestra generación que a nuestra religión.

Leer este libro te llevará a renunciar a esos atavíos religiosos para comenzar a amar a una generación nueva al extremo de hacer los cambios necesarios aunque eso implique enterrar para siempre nuestras tradiciones.

Las palabras bien pensadas y escritas por Adrián tienen la inercia de llevarte a repensar tantas cosas sobre la iglesia para ayudarte después a sacar conclusiones necesarias sobre qué hacer en este tiempo tan complicado para dar los frutos que la Biblia nos pide dar.

Cuando Adrián nos lleva a imaginarnos a un Jesús que como líder obligaba a pensar de una forma diferente, hace que se me antoje que esto siga ocurriendo aquí y ahora, y creo que estamos en un tiempo que no es para temblar por una manifestación sino a repensar las cosas por el bien de una nueva generación.
Una de las frases que más me estremecieron y me desafiaron fue: «Me cansan algunas prédicas que están llenas de algunas frases hechas sin ninguna consistencia» ¡Huy! Creo que ésto, a los que predicamos nos pondrá a pensar más antes de hablar, pues es necesario ser relevantes.

Considero tan necesario dejar salir a Dios de la caja en la que lo hemos metido, te sonará raro esto que a continuación te diré: «libertemos al libertador» si, estoy hablando de Jesús, no lo podemos seguir atando, él tiene que seguir liberando.

El problema es que queremos que él haga las cosas como nosotros las hacemos y poner nuestras tradiciones por encima de su Gracia y Misericordia.

Que no se nos olvide que Dios dijo: Hagamos al hombre a nuestra imagen y semejanza, somos nosotros los que tendríamos que parecernos a él y no él a nosotros, pero el sistema religioso quiere hacer a Dios a la semejanza de ellos.

Jesús no debe ser como nosotros llenos de juicio sobre la gente y con falta de amor, nosotros debemos ser como él, llenos de gracia y de perdón.

Tengamos el valor de entregar nuestros argumentos y tomemos la decisión de desaprender; cuando hacemos esto estamos practicando la acción más increíble de humildad y eso Dios lo honra llevándote a brillar y ganar a las nuevas generaciones para Él.

Te tengo una gran noticia: tienes en tus manos el libro perfecto para desaprender.

Abróchate el cinturón porque estas apunto de hacer un viaje con mucha turbulencia, pero tranquilo que al final de esta fascinante aventura aterrizarás sano y salvo y con las ganas de comerte el mundo y con un ferviente deseo de hacer iglesia diferente.

Te adelantaré algo que encontrarás mientras leas, a mi me removió las neuronas y te lo dejaré aquí ya para irme porque mi esposa Lily ya me habló para que fuera a cenar y si no voy se pone violenta ¿Listo? Aquí va:
«Fuera de La Biblia solo encontrarás religión sin relación» ¡Wow¡ mi querido Adrián, con esto la sacaste del estadio.

Con cariño Gustavo Falcón

PRÓLOGO DE KIKE PAVÓN

Conocí a Adrián Intrieri y su mente peligrosa en Perú varios años atrás, como lo conocí es algo que no explicaré hoy, quizás lo guarde para mi libro de anécdotas en un futuro. (Como buen músico ya me estoy auto promocionando)

Soy español y aquí sirvo al Señor, y me encuentro con el reto de que la gente no recibe el evangelio con facilidad, en nuestro carácter como nación está el cuestionarlo todo, el sugerir dudas ante todo, creo que una de las frases más usadas por nosotros puede ser:
—y ¿Por qué?

O podemos tener conversaciones tales como:

— Pero es un milagro, estaba muerto y Dios lo ha resucitado;

— Bueno, no estaría tan muerto

Ante esta costumbre de cuestionarlo todo he oído gente hablar de nuestra rebeldía, de nuestra soberbia, de nuestra falta de temor a Dios (digo nuestra porque amo mi país en sus cosas buenas y malas, no vale bajarse del carro en lo que no me gusta) he escuchado mucha gente decir «España es el cementerio de los misioneros»

Pero lo que de verdad escucho es una falta de auto crítica abrumadora, culpamos como haría Luis Miguel a la noche, a la lluvia o a la playa para justificar que no nos aman.

El replantearnos si estamos siendo realmente la sal y la luz del Mundo o solo un club social en el que nos gusta tener normas morales altas y oír adoración nos asusta, nos paraliza el tener que replantear todo y empezar de nuevo (si lo sé, no puedo evitar la autopromoción, estoy orando por eso) por eso es más fácil culpar a los demás. Y me he dado cuenta que hay cosas que dicen de nosotros que son verdad y por admitirlas no nos va a pasar nada, las que son mentiras tranquilo, bienaventurado nos llama Dios en esos casos así que tampoco está tan mal.

Como en todas las casas hay cosas que se pueden negociar y otras que no, Dios puso líneas rojas en áreas como la salvación, su deidad o el lugar que Él debe ocupar en nuestra vida pero nosotros pusimos muchas líneas rojas de más en las formas y eso querido amigo si que es peligroso.

Te animo a que leas este libro con un toque de español y cuestionemos saludablemente muchas de las cosas que hacemos como Iglesia, no para criticar y despellejarnos entre nosotros sino justamente todo lo contrario, para curarnos las heridas de la religiosidad y caminar juntos al sueño de Dios, de abrazar a este mundo roto, Su mundo.

Gracias Adrián por jugártela y decir lo que está en tu corazón en amor y con mucha conciencia.

Que Dios cumpla tu sueño de despertar muchas mentes peligrosas con este libro.

Kike Pavón

INTRO

¿POR QUÉ METERSE EN PROBLEMAS?

CADA VEZ ESTOY MÁS CONVENCIDO
QUE NO SERÍA NADA
SIN DIOS Y SIN AMIGOS
#MENTESPELIGROSAS

RELIGIOSAMENTE INCORRECTOS

Algunos de mis amigos me preguntaron curiosos de qué se trataba este libro. Creo que estaban preocupados por el título. Tardé solo unos segundos en explicárselos y quedaron mirándome como si hubiese perdido la razón. Me reí al ver sus rostros. Parecía que pensaban: —¡Este Adrián siempre metiéndose en problemas!—

Y no erraron, seguramente me estaré metiendo en problemas. Deseo que este libro sea como una piedra en el zapato para la religiosidad.

Siempre he sido una persona *religiosamente incorrecta*, desde que tengo memoria.

Estamos en tiempos donde es primordial que reconozcamos nuestros errores y que podamos alcanzar lo que hemos perdido hace bastante tiempo: ser una iglesia que se comprometa con lo que hace y piensa, una iglesia peligrosa. Creo que no hay peor pecado que ser intrascendentes.

Estamos en tiempos decisivos, donde es sumamente pertinente que demos respuestas a millones de personas que nos están exigiendo que seamos lo que creemos que somos y predicamos.

EL PODER DE LAS PALABRAS

Las palabras eran herramientas potentes en un mundo donde se exigían palabras. Hoy las cosas han cambiado y el poder que tenía la elocuencia y la argumentación lo tiene la acción. Hoy pensar es acción, decir es acción y predicar es acción. Creo, sin temor a equivocarme que siempre fue así, pero hoy es excluyente. No se puede decir sin hacer, ni predicar sin ser. Términos como relevante, influencia, significativo, etc., son denuncia para un tipo de iglesia que se sintió muy cómoda en el discurso lejos del testimonio.

Pensemos en Jesús y en uno de los conceptos más importantes de sus enseñanzas: el Amor.

Cuando Cristo hablaba de amor y enseñaba acerca del amor, no se estaba refiriendo a un tipo de amor de expresión poética o romántica. Nosotros los cristianos hemos transformado el amor de Jesús en amor romántico. Pero para él no era así, estaba lejos de convertirse en algo romántico. El amor para Cristo era acción. Jesús accionaba el amor, y esto era lo que lo hacía tan atractivo para la gente.

UNO MÁS QUE UNA MULTITUD

Cuando volvió Jesús le recibió la multitud con gozo, porque todos le esperaban. Lucas 8.40

¡Qué lindo que es ser esperado, y sobretodo esperado bien! Lo mejor que nos puede pasar cuando llegamos a un lugar, es que nos hagan sentir bien. Por el contario, ¡Qué pesadilla que puede ser llegar a un lugar y que te hagan sentir que no eres bienvenido!

Es que nuestras acciones generan cosas en la gente. Somos seres comunicativos, estamos transmitiendo constantemente, aún cuando suponemos que no. Comunicamos con palabras y comunicamos con gestos e intenciones.

Como seres comunicacionales que somos, debemos tener en cuenta lo que los demás suponen de nuestras acciones y como las estamos dando a conocer.

Pero déjame hacerte una pregunta, ¿Cómo estás haciendo sentir a las personas que te rodean? ¿Cuáles son tus formas de actuar que impactan a los demás?

Jesús llegó y la multitud lo esperaba con gozo, alegres, con expectativas. Estaban ansiosos. ¡Qué culto iban a tener! El texto bíblico nos deja bien en claro que la gente estaba recibiendo a Jesús de la mejor manera, pero ¿Cómo iba a devolver Jesús este cariño a la gente? ¡Veamos lo que sucedió!

Cuando el Maestro se acercó a la gente, apareció un hombre llamado Jairo, que era un alto funcionario en la sinagoga y se interpuso a Jesús y le gritó:

— ¡Jesús!, Jesús, Jesuuuússss, ¡¡¡¡Ven a mi casa porque mi única hija de 12 años se está muriendo!!!! ¡Jesússss! ¡Jeeeeee-suuuússss!—

Me imagino a los discípulos, diciendo:

—Hermanooo, no moleste al Maestro, en pocos minutos deberá predicar, ¡¡¡¡No lo desconcentre!!!

¡Es que hay gente que aparece justo en el momento menos oportuno!

Y supongo que a Jairo, no le interesó en lo más mínimo que esas caras lo miraran mal. No prestó atención a esos comentarios. Siguió gritando hasta que Jesús lo atendió.

Pensemos un momento sobre esta extraña escena.

Jesús está frente a miles que desean fervorosamente escucharlo. En otras oportunidades debió enfrentarse a multitudes hostiles, pero esta no era así. Seguramente todos iban a recibir maravillosos milagros y una gran predicación que quedaría grabada en los Evangelios y en la posteridad.

Hoy seguramente todavía recordaríamos lo que en ese lugar hubiera sucedido.

Todo estaba listo para una gran cruzada de milagros y poder. Pero nada de eso pasó. La gente se fue silenciando con el paso de las horas, muchos habrán murmurado y sacado erróneas conclusiones. Podríamos haber imaginado que el grupo de alabanza cantaba veinte veces la misma canción esperando al predicador, en este caso Jesús, y no aparecía. Pasaban los minutos y nadie subía a la plataforma. Todos se miraban consternados. Con el paso del tiempo, todos se fueron dando cuenta que Jesús se había retirado rápidamente del lugar. ¡Qué extraño! ¿Qué le sucedió? ¿Por qué abandono a ese público tan perfecto? ¿Quién hubiese decidido dejar semejante congregación tan entregada y gozosa? Sólo Jesús hacía esas cosas.

Si alguien hubiese pedido explicaciones a los discípulos, imagino que hubiera sido bastante complicado explicar la decisión del Señor. Jesús había dejado esa multitud porque una niña de 12 años lo necesitaba. Esa adolescente se estaba muriendo y él deseaba estar con ella. Te lo repito, dejó a toda una multitud y un evento que sería seguramente increíble, sólo por una pequeña adolescente moribunda. ¡Sí! ¡Encima se estaba muriendo!

Es que para Cristo es más importante una joven adolescente que toda una multitud. El escoge a los jóvenes en lugar de miles de personas, y en alguna oportunidad dejo todo el universo para buscarme a mí y a ti.

Esta es una más de las expresiones de su amor. Jesús no solamente hablaba de amor, sino que accionaba el amor. Enseñó acerca de amarse y a la vez amó. Hacía lo que decía.

Cuando Cristo hablaba de amar se refería a esto: abandonar todo y buscar al necesitado.

¡Tiempos extraños éstos!

En estos tiempos se exige que cumplamos lo que predicamos. La idea que la gente tiene del cristianismo es que somos muy buenos hablando pero que no siempre cumplimos con lo que predicamos.

Hay un dicho popular que dice: «Muchos truenos en la boca pero pocos rayos en las manos». De ésto se trata lo que te comparto.

Y, ¿Quiénes son los portadores de esta exigencia? los adolescentes. Ellos generan todo un movimiento directo al corazón de lo que se dice y lo que se hace. Quieren que hagamos más y digamos menos.

Por eso, la religiosidad es un modelo obsoleto para estas nuevas generaciones que necesitan de relación y no de religión.

Este libro tiene el objetivo de hacernos pensar. Sostengo que nadie tiene la posibilidad de alcanzar todo lo que esta discusión presenta. Pero creo que puede mover algunas estacas viejas y destruir cimientos equivocados en nuestras mentes y corazones, para convertirnos en una vez por todas en peligrosos.[1]

---

1 Las citas bíblicas están tomadas de la Reina Valera Revisada 1960.

NUESTROS ERRORES NO SON NUESTRA CARTA DE PRESENTACIÓN

De rodillas sólo ante Dios, el único digno de recibir tu entrega.

Oramos por un avivamiento pero nos alteraría ver que se llenen nuestros templos de personas que hemos discriminado históricamente.

La mejor estrategia evangelística es la que dice: ¿Quieres conocer a Jesús? ¡Venid y ved!

CUANDO HACEMOS LAS COSAS MAL POR MÁS QUE PENSEMOS QUE ESTÁN BIEN, TERMINAN MAL

No existe el botox para rejuvenecer un espíritu avejentado.

#MentesPeligrosas
continuemos la conversación
sígueme en @adrian_intrieri

Si hiciéramos la voluntad de Dios, no tendríamos de qué arrepentirnos.

UNA IGLESIA LECTORA ES UNA IGLESIA DIFÍCIL DE MANIPULAR

CAP 01

MENTES PELIGROSAS, SE BUSCAN

ALGUNOS SE LA DAN DE TAN
EXAGERADAMENTE ESPIRITUALES
QUE TERMINAN SIENDO
INSOPORTABLEMENTE CARNALES
#MENTESPELIGROSAS

EL PODER DE UN PENSAMIENTO

¿Te pasó alguna vez tener un pensamiento que gira y gira alrededor de tu cabeza y no te permite dormir?

A mí me pasa todo el tiempo.

Para colmo no se sí te has dado cuenta la particularidad que tienen estos molestos pensamientos, que pareciera que duermen de día y se despiertan de noche. Durante el día parece que no existen pero a la noche dicen:

¡Holaaaa acá estamos! y no te dejan dormir, dan vueltas y vueltas...

Esto sucede porque **los pensamientos tienen un poder enorme sobre nuestras mentes.**

Hay pensamientos que nos enriquecen y dan paz. Existen otros que no nos dejan descansar.

De ésto deseo hablarte en este primer capítulo, del poder que tienen los pensamientos, sobre todo los pensamientos que generan cosas en las personas.

Los pensamientos son sumamente necesarios. No podríamos vivir sin ellos. De hecho, podemos llamar a las cosas como las llamamos, conocerlas, comprenderlas y hasta darles uso, porque pensamos.

René Descartes, en su obra maestra «El discurso del método» escribió sobre la importancia de darnos cuenta si estamos verdaderamente viviendo lo que vivimos o si todo lo que nos sucede es solo un largo y engañoso sueño. René termina su complicada inquietud al estilo Matrix, sacando la conclusión que solo una persona que piensa que existe, puede existir, en su famosa frase **Pienso, luego existo**. Para René era muy importante el pensar y para mi, también.

No podríamos hacer nada, ni aun existir sin el acto de pensar. El libro que tienes en tus manos, es un libro porque puedes pensarlo. Pero no quiero ponerme muy complicado, mejor dejémoslo ahí. Sólo diremos que los pensamientos son importantísimos para nuestra vida y que nos ayudan a relacionarnos con los objetos, con las personas y con nosotros mismos.

Los pensamientos son imprescindibles y peligrosos. Existen muchos ejemplos de millones de personas que sufren porque piensan mal. Algunos no descansan porque tienen muchos pensamientos y otros llevan vidas desordenadas porque no piensan lo suficiente.

¡Qué bueno sería que exista un medicamento que destruyera a aquellos pensamientos dañinos o una bebida que al tomarla te sembraran buenos pensamientos! ¡Estaría genial! Pero, no existen.

LA INVASIÓN DEL PENSAMIENTO

¿Sabías que el mundo está gobernado por pensamientos? **Creemos que el mundo está gobernado por el dinero, el poder, pero lo que realmente gobierna al mundo, a ti y a mí, son los pensamientos.** Y son justamente los pensamientos los que crearon al mundo y son éstos los que cambiaron al mundo.

Dios pensó, habló y creó, y las cosas fueron hechas por sus Palabras. Eva pensó y comió del fruto prohibido y lo compartió con Adán, que también pensó y decidió comer, sea la manzana o no.

A lo largo de la historia, existieron personajes que han hecho cambios espectaculares en la humanidad y es debido a ellos que el mundo piensa como piensa. Y existieron, existen y existirán personas que sembraron pensamientos que fueron tan destructivos como malignos. Algunos son muy positivos y otros han sido devastadores, pero en ambos casos existieron pensamientos.

Si deseas cambiar a una persona debes sembrarle buenos pensamientos, si deseas destruirla siembra malos pensamientos.

Tan real es lo que te comparto que sostengo y sin temor a equivocarme, que Satanás no puede ni remotamente tocar nuestras vidas, no puede destruirte ni matarte, porque si ésto fuese posible, ya lo hubiese hecho. No puede tocarte pero sí puede sembrar malos pensamientos en ti. Cuando el diablo hace ésto en la vida de alguna persona, solo lo seduce a pensar mal y el resto lo hará la misma persona. Por eso es que deberíamos prestarle más atención a nuestros pensamientos.

GRANDES PENSADORES

Déjame mostrarte a algunos de estos pensadores:

Aristóteles y el utilitarismo.

Galileo Galilei y el lugar del hombre en el universo.

Martín Luther King y los derechos de los discriminados.

Lutero y la reforma.

Mozart y la composición musical.

Karl Marx y el comunismo.

Gandhi y la lucha pacífica.

Freud y la acción del inconsciente.

Picasso y el cubismo.

Adam Smith y el capitalismo.

Steve Jobs y la tecnología.

Hitler y una raza superior, y por su puesto

Jesús y el Sermón del monte.

Todos éstos han dejado huellas en la humanidad y mucho de sus pensamientos han cambiado al mundo. Estos pensadores han contribuido al mundo, algunos con pensamientos positivos y otros no. Sus pensamientos fueron sembrados y nosotros somos el resultado de ellos. Sin darnos cuenta sus pensamientos están en nuestras mentes. No puedes esquivarlos, están alrededor de nosotros, en nuestras conductas, en nuestras formas de analizar y razonar, en cómo comprendemos las cosas.

SI EL SEÑOR TE DICE: ¡PÍDEME! ¿QUÉ PEDIRÍAS?

Jesús era un líder que obligaba a pensar de una manera diferente. El generaba una nueva manera de comprender a Dios y a la fe, por eso era muy peligroso.

Para los religiosos era peligroso, para la religión era peligroso, para los gobernantes era peligroso, para los ricos era peligroso, para los pobres era peligroso, para los que hacían negocios con la fe era peligroso. Porque no sólo hablaba sino que generaba pensamientos peligrosos. **Si hay algo que Cristo dejó bien claro en todas su acciones y sus enseñanzas es que los que deseaban seguirlo debían cambiar su manera de pensar.**

Que triste es ver que algunas iglesias tienen un lindo decorado pero corres un poco la escenografía y te encuentras con lo mismo de siempre.

Tuve "amigos" que desaparecieron en mis momentos más difíciles; hoy comprendo que eso no era iglesia. ¡Tener a Jesús es amar hasta el fin!

No podemos ser profesionales del discurso y amateurs de los hechos.

NO SIEMPRE LO QUE QUIERES CONCUERDA CON LO MEJOR

La iglesia sana es aquella que no castiga sino que recibe al pecador

SOY EL RESULTADO DE LOS AMIGOS QUE ME INSPIRAN Y DE LAS PERSONAS QUE POR SUS ACCIONES DECIDÍ QUE NO ME INFLUYERAN

#MentesPeligrosas
continuemos la conversación
sígueme en @adrian_intrieri

JESÚS TENÍA UNA MENTE PELIGROSA PARA EL SISTEMA.

El gran problema que tenemos hoy en día, es que hemos relegado al sistema el arte de pensar. Cuando me refiero al sistema, estoy mencionando a todas aquellas cosas que nos forman: el contexto, las modas, los medios de comunicación, las reglas, los mandatos, la cultura que nos rodea dándonos forma. **Y tristemente hemos regalado lo más importante que deberíamos tener para ser relevantes: el arte de pensar y sembrar pensamientos que transformen y enloquezcan al sistema.** Y ésto sucede porque los cristianos no estamos pensando lo suficiente.

Si sólo reaccionamos al pensar del sistema, y lo hacemos sin pensamientos propios, no podemos enfrentar al sistema con argumentos sólidos porque decimos que no, pero no sabemos por qué lo decimos, porque no nos hemos tomado el tiempo de pensar por qué sostenemos algunas cosas como las sostenemos.

Como hijos de Dios solemos pedirle de todo a nuestro Padre Celestial. Pedimos unción, autoridad, pastorado, liderazgo, poder, dones, y otras tantas cosas más. Pero no pedimos ser formadores de pensamientos que produzcan alboroto y malestar: pensamientos peligrosos. ¿Por qué no pedimos esa clase de pensamientos que produzcan revoluciones en el mundo?

Ya hace varios años que soy psicólogo y aún recuerdo como algunos hermanos me hostigaron para que desistiera en mi deseo de estudiar psicología, porque me «iba a ir al mundo» o porque «los cristianos no deben ser psicólogos» me decían. Todavía aún hoy, algunos se acercan y cortésmente me dicen: ¡Yo no creo en los psicólogos! Lo cual te imaginarás que lo tomo con muy buen humor, ja, ja y ja. Lo que yo suelo responderles es que mientras crean en Jesús con eso alcanza. Ya que Jesús los salvará, porque yo, no lo haría, ¡Ja ja ja!

Lo triste es que le hemos entregado la psicología, el psicoanálisis y la salud mental durante décadas.

La iglesia abandonó este espacio tan importante de trabajo sobre el corazón, la mente o el dolor de la gente y se lo dimos a los humanistas, a los ateos, a los agnósticos. Y luego nos quejamos que no existen profesionales de la salud mental que estén preparados.

Lo mismo hicimos con la política, la educación, las artes y las ciencias.

Sueño con una generación de jóvenes cristianos, redimiendo estos lugares abandonados por la iglesia. Sueño con que este libro despierte el deseo profundo de repensar tu fe.

MIS AMIGOS PELIGROSOS

Seguro que podrías decirme:

-¡Adrián, yo no creo que ésto sea tan así! ¡En mi iglesia, pensamos y mucho! ¡Puede ser!

Existen miles de eventos, capacitaciones, seminarios, institutos y estudios bíblicos donde compartimos ideas, solemos dedicarle mucho espacio a la formación. Pero permíteme que te diga lo siguiente: Lo que hacemos es pensar sobre las mismas cosas que sostenemos de siglos atrás. **No estamos dándole un verdadero lugar al arte de pensar ideas que sean bombas que destruyan al sistema.**

Si sostenemos que tenemos un Dios infinitamente creativo, ¿Cómo puede ser que hagamos las mismas cosas de hace 50 años atrás? Y atacamos a toda idea novedosa porque *no es voluntad de Dios*.

Lo que nos sucede es que pensamos cosas sin valor genuino, cosas que no tienen ninguna consecuencia real en la cultura fuera de la iglesia.

Cuando un hermano levanta una discusión que nos asusta, lo atacamos. No nos detenemos a *pensar*, sólo reaccionamos como quien nos está lastimando sin permitirnos reflexionar lo que está diciendo. Esto sólo demuestra lo débil que es nuestra fe, porque sólo una vaga idea puede generar semejantes reacciones. Por eso sostengo que es más fácil discutir con un ateo convencido que con un religioso con un discurso auto empoderado de verdad.

Tengo amigos religiosamente incorrectos, que bendicen mi vida de una manera increíble. Porque son distintos, porque caminan una milla extra en sus pensamientos. Discuten con ellos mismos, por lo que creen y cómo lo creen. Repiensan lo establecido históricamente y creen que podemos hacer las cosas de otra manera.

Son extraños y suelen ser repelidos, combatidos y hasta humillados y lastimados. **La religiosidad ataca lo que siente como peligroso, por eso atacó a Jesús y por eso mató a los apóstoles.**

El filósofo rumano Tomas Abraham mencionó en un programa televisivo que ser pensador es ser disidente. Todo generador de pensamiento camina por el límite, por eso se equivoca con facilidad. Pero es portador de una nueva manera de ver las cosas. El pensador no se amolda a lo establecido, se arriesga a ver las cosas de otra manera, por eso el pensador es distinto, y genera cambios.

Estos amigos incómodos son peligrosos. De hecho he perdido la oportunidad de ser invitado a algunas iglesias por los amigos que tengo. Y sin temor alguno, estoy muy honrado con sus amistades.

Pero déjame decirte algo muy importante: algunos de ellos en algún momento decidieron dejar de ser cristianos evangélicos por la violencia con que se los criticaba por sus pensamientos.

Me da mucha tristeza que entre cristianos solo con unos pocos se puede hablar de temas importantes.

El pensador guatemalteco Junior Zapata predicó una vez, que *los genios no deben mor*ir (en nuestras iglesias). O no deberíamos matarlos, porque piensan distinto o se arriesgan a dejar de pensar como nosotros pensamos.

En nuestras iglesias muchos fueron *asesinados* en su corazón porque pensaban distinto. Fueron atacados y desalentados, hasta matar esa luz de reforma en sus mentes.

Yo fui de la generación bisagra en la música cristiana. A mis 10 años de edad sólo se cantaban himnos y algún corito en *Mi menor* en mi iglesia. En los ochenta y principios de los noventa vino una nueva ola de renovación en la música y aprendimos a cantar a nuestro Dios con otros estilos musicales. Fue ahí que aparecieron músicos que trajeron una renovación musical. Pero déjame decirte esto: miles de jóvenes hoy no están en nuestras iglesias, porque fueron maltratados y perseguidos, porque querían alabar a Dios con estilos musicales que no eran bien vistos en esa época. Querían hacer rock y se los desanimaba con todo tipo de argumentos religiosos. Se los tildó de mundanos y hasta de satánicos. ¡Y hoy no están entre nosotros! Están ofendidos, lastimados y heridos por legalistas que nunca se hicieron cargo por lo que produjeron en una generación que quiso pensar de manera diferente.

Permíteme parafrasear una triste canción de Pablo Milanés, «*Yo pisaré esas calles nuevamente*», y darle un nuevo sentido pensando en nuestras iglesias. Así pienso esta canción cuando veo lo que hacemos con los que se animan a pensar distinto:

«Yo pisaré las calles nuevamente

de lo que *fue mi iglesia ensangrentada*
y en una hermosa *iglesia liberada*
me detendré a llorar por los ausentes».

«Yo vendré del desierto calcinante
y saldré de los bosques y los lagos
y evocaré en un cerro de *mi patria*
a mis hermanos que murieron antes».

Pienso en esta canción como una plegaria por los que se animaron a más, a pensar y ayudar a otros a pensar y otros por temor los han matado.

Sueño algún día poder encontrármelos y decirles: ¡Gracias hermanos! Gracias porque hoy podemos tener lo que tenemos en nuestras iglesias porque ustedes discutieron, lloraron y se lastimaron por traernos una hermosa renovación espiritual.

Y lo mismo podría decir de los que dieron su vida por una mejor educación cristiana, por tratar mejor a la gente, por enseñar a predicar sin un lenguaje evangélico, por ser creativos y por animarse a ir por más.

ESCAPANDO DE LA INCONSISTENCIA

En una oportunidad, estando en un congreso de adolescentes, tenía la plenaria de la mañana y un buen amigo mío, que es un buen predicador, tenía la de la tarde. Este amigo, que me reservo su nombre, terminó su plenaria gritando a los jóvenes:

— ¿Cuántos quieren recibir de Dios en esta noche?—

Y los jóvenes respondían: — ¡Aménnnn!

El predicador siguió diciendo: — ¿Cuántos quieren recibir algo extraordinario hoy mismo?—

Y la multitud se desaforaba al unísono: — ¡Aménnnnn!—

Y siguió: — ¿Cuántos quieren ir y... conquistar la tierra?

Y todos los adolescentes gritaron descontrolados:

— ¡Yoooooooo!—

Y pasaron al frente extasiados.

Cuando ya todo había terminado, se los veía en la puerta del auditorio, diciendo:

— ¿Y ahora qué hacemos? ¿Qué significará «conquistar la tierra»? ¡No sé!—

En la prédica sonó muy bien, pero en la vida real, ¿Qué significa que le digamos a los jóvenes, «ve y conquista la tierra»?

¿Sabes lo que les pasa a la mayoría? Pasa al frente y luego no hace nada. Porque suena lindo lo que decimos en las plenarias pero es inconsistente. De ésto te estoy hablando.

Me cansan algunas prédicas que están llenas de frases hechas sin ninguna consistencia, sin que generemos cambios en la gente.

Pensemos juntos: ¿Cómo podemos convertirnos en personas con un mensaje con peso en la vida? **¿Cómo podemos ser como Jesús, que era peligroso por lo que decía y hacía?** ¿Cómo podremos ser mentes distintas que generen peligro?

Si no nos hacemos éstas preguntas el sistema sigue generando lo que nosotros deberíamos generar.

Piensa en esto: Dios llama a Abram y el llamado fue bien claro, le dice:

Pero Jehová había dicho a Abram: Vete de tu tierra y de tu parentela, y de la casa de tu padre, a la tierra que te mostraré.

Y haré de ti una nación grande, y te bendeciré, y engrandeceré tu nombre, y serás bendición.

Génesis 12:1 y 2

Si observamos bien, el llamado de Dios constaba en dejar su casa y su familia e ir detrás de una tierra que Dios le iba a mostrar; ser bendecido y que esa bendición sea repartida en los demás. Es decir, que el futuro pueblo, debía ser un pueblo *generoso*, que iba a ser bendecido para bendecir.

Pero, ¿Qué hizo el pueblo de Israel? fue bendecido, el Antiguo Testamento es claro en mostrarnos cómo, pero se encerró en sí mismo. Fue bendecido para sí mismo, porque no repartió lo que se le dió. **Se convirtió en un pueblo que disfrutaba la bendición de Dios pero que no bendecía a las naciones.**

Entonces Dios *piensa* en la iglesia: iglesia pagana, iglesia imperfecta, y derrama de su Espíritu en Pentecostés para que las naciones oigan las buenas nuevas.

La iglesia recobra el proyecto de Dios, de ser bendecida para bendecir, pero ¿Qué hace la iglesia? Se encierra en sus templos, en sus costumbres y se aleja del «muuundooooo» ¡Buuhhh! ¿De qué manera? Siendo inconsistentes. Porque teniendo las armas para ser peligrosos, nos hemos vuelto irrelevantes.

Dios quería hacernos impactantes y peligrosos. Pero elegimos convertirnos en inofensivos e inconsistentes.

MEJOR GUARDA SILENCIO, SI NO VAS A SER PELIGROSO

Recuerdo que estaba en la universidad estudiando en mi primer año de psicología, cuando en una de las clases un profesor pidió que los alumnos nos tomemos unos minutos para presentarnos al resto. Y así lo hicimos. Uno a uno fuimos presentándonos, hasta que le tocó el turno a un muchacho cristiano (yo lo conocía y el me conocía de distintas actividades en la zona).

Él se puso en pie y con una voz de locutor de radio de la década del cuarenta y casi sin usar signos de puntuación en su oración dijo algo más o menos así:

— Me llamo fulanito soy hijo del Dios Viviente y mi nombre está escrito en el Libro de la Vida, allí donde todos iremos y daremos cuentas de nuestras acciones ¡Gloria! — Gritaba —y aún ustedes, pecadores que están en las manos del diablo, la serpiente asquerosa, repugnante, quien gobierna sus sucias vidas, darán cuenta delante del trono del Altísimo ¡Gloria!— volvió a gritar. Y siguió diciendo muchas cosas más que ya no recuerdo, porque a esa altura ya había puesto piloto automático.

Te imaginarás mi cara. No lo podía creer. Pero eso no fue todo. Al terminar y mirándome directamente a mis ojos con un rostro enajenado, agregó lo peor:

— ¡Y ahora el hermano, que está entre nosotros, Inti-eri (encima recuerdo que dijo mal mi apellido), nos guiará en una oración para que se arrepientan de sus pecados!, ore hermano — me dijo.

¡No lo podía creer! Quería que me tragara la tierra. Y este muchacho prosiguió diciendo: —Vamos hermanito, ¡No se avergüence de su fe!—

Yo no estaba avergonzado de mi fe sino de su forma de comportarse.

¿Cómo podremos ser distintos? Ser una iglesia que cumpla con el proyecto de Dios de ser bendecidos para bendecir. ¿Cómo podemos ser peligrosos y no inconsistentes? Si con muchas de nuestra acciones solo provocamos que la gente no nos entienda o nos rechace, estamos perdiendo parte del objetivo de Dios para su pueblo. **Somos bendecidos y eso no hay duda al respecto, pero nos cuesta comprender lo que**

significa bendecir.

A veces pienso en mis propias acciones que sostengo que *bendicen* a otros sobre todo a la gente inconversa y cuando analizo alguna de ellas, me doy cuenta que lo que para mí *bendice*, no lo hace para las demás personas. Lo grafico: En una oportunidad una iglesia de la zona donde vivo, unas cien personas salieron en caravana con trompetas y tambores hacia el centro de la ciudad y dieron siete vueltas al centro comercial. En cada una de las esquinas se detenían a gritar fuerte y a clavar unas estacas y rociarlas con aceite frente a la mirada atónita de la gente. En una de estas esquinas, la dueña de un comercio increpó a estos hermanos porque le clavaban una estaca y le ensuciaron su césped con aceite. Ni hablar del griterío que se producía.

Seguramente debe existir una explicación simbólica y espiritual para realizar esto, y me consta porque conozco alguno de estos hermanos, que su intención era *bendecir la tierra*. Solo menciono, más allá de mi opinión personal, qué pasaría si lo que para nosotros produce bendición a la gente solo le forma una imagen distorsionada de nuestra fe y de nuestras acciones.

Lo peor de esta situación es que estos cristianos fervientes, le clavaron la estaca en el césped contra su voluntad y le rociaron con aceite su puerta, ante los gritos de la señora. Y como vieron que esta acción fue atacada por la dueña del lugar se retiraron maldiciéndola, le dijeron: ¡Su vida se va a destruir por no haber recibido la bendición de Dios! ¿Qué alguien me explique por qué nos comportamos así?

¿Qué significara *ser de bendición*? Tal vez es que **la gente que debe ser bendecida por nosotros, no debe de ninguna manera ser invadida o maltratada con nuestras acciones, liturgias o ritos.** Solo lo pienso en voz alta.

Siempre me llamó la atención los pocos cristianos que viven al lado de los templos o salones cristianos, en su gran mayoría, salvo algunas mínimas excepciones, son vecinos enojados con nuestras iglesias. Las apedrean, hacen denuncias policiales y hasta juicios. Es que los molestamos con nuestra música, con nuestros vehículos, etc.

Creo que debemos replantearnos las cosas que hacemos y cómo las hacemos. Y si frente a un pedido de explicación de los otros nuestras respuestas son: «así nos gusta hacer las cosas», «nos parece más espiritual de este modo»; por lo menos nos haremos cargo de las consecuencias de nuestras acciones.

Creo que en muchas oportunidades con nuestras actividades nos bendecimos a nosotros mismos y no a la gente. Quizás deseando bendecir no lo estemos logrando y Dios nos llamó a ser de bendición a las naciones.

¿DÓNDE ESTÁ PUESTO TU CORAZÓN?

Mientras nosotros nos preocupamos por tonterías, el sistema siembra pensamientos en la gente. Esto es nuestra responsabilidad.

En una oportunidad un pastor me envió un mail invitándome a predicar a los jóvenes de su iglesia. Contento acepté y fui el sábado por la noche, vestido con un jean, una camiseta y mis tenis, normal como me imaginaba debía ir. Pero al llegar a la iglesia, me recibió en la puerta una ujier de poco humor, me detuvo en la puerta y me dijo con vos seca y seria:

—Perdone, pero ¿Quién es usted?

Yo le respondí: —Buenas noches hermana, soy Adrián Intrieri, vine invitado por el pastor para compartir la plenaria a los jóvenes. —

La hermana ujier cambió su rostro serio a uno de entre sorpresa e indignación, y casi furiosa me dijo:

—¿Y así vino a la Casa del Señor?

Me quedé azorado por sus palabras e inmediatamente mire mi ropa, pues, pensé: «¿Vine en calzoncillos sin darme en cuenta?»

Ella se dió cuenta de mi reacción y me corrió hacia un costado y fue a llamar al pastor. Entró como yendo en un desfile del ejército y la vi ir hasta donde estaba un señor que supuse que era el pastor de la iglesia. Veía a lo lejos, cómo la amada hermana gesticulaba indignada y el pastor ponía cara de preocupación. Estaba a punto de irme corriendo a mi casa, cuando ví que venía el pastor apurado a verme. Llegó hasta dónde estaba y con mucha reverencia puso su mano en mi hombro y me llevó a la vuelta de la esquina de la iglesia para que nadie nos viera. Cada vez tenía más ganas de salir corriendo, cuando este pastor con mucha diplomacia me dijo:

—¿Cómo está querido hermano? Gracias por aceptar nuestra invitación pero vemos que surgió un serio inconveniente...

—No hay problema pastor, vuelvo otro día— le dije, queriéndome ir lo más rápido posible de ahí.

—No, mi hermano, no es necesario que se retire— me dijo serio —déjeme explicarle, es que usted no está en condiciones de compartir con los jóvenes la Palabra, se ve que no es digno— me dijo.

Yo seguía aturdido y prosiguió:

—Usted vino a la Casa del Señor a compartir la Palabra...pero se ve que no está en condiciones, pues no trajo... ¡Corbata!—

«¡¿Ehhhh?!» pensé. Y le dije: —Bueno, pastor no se preocupe, vuelvo otro día, es que como era un evento para adolescentes pensé que no era necesario ponerme corbata...—

Cuando me respondió el pastor: —No, está bien, mire querido

hermanito, haremos lo siguiente, por esta oportunidad lo dejaremos predicar, pero no lo podrá hacer desde el púlpito porque no está en santidad, sino desde el suelo. Es decir no suba a la plataforma, usted podrá predicar desde abajo pero no arriba, ¿Sí?—

Yo no lo podía creer, no era importante lo que tenía para decir sino que no traía corbata. Y aún no era tan importante la corbata sino 50 centímetros que separaban el suelo del Lugar Santo de la plataforma. Les cuento el final: prediqué y regresé a mi casa. Me importaron más los jóvenes que el desprecio de sus líderes.

Nos peleamos por la corbata, por quién es el pastor más importante de la ciudad, por cargos o títulos, etc. Y el problema no está en eso, sino en que cuando hacemos eso, perdemos tiempo que deberíamos estar usándolo para pensar.

Con respecto a la corbata o cualquier elemento externo que hemos investido como santo, siempre pensé que el error más importante de esto, es que le hemos permitido a Satanás que con muy poco se pueda vestir como oveja. Si, con sólo una corbata ya damos por sentado que es santo, con muy poco seremos engañados.

Deberíamos estar preocupados por generar pensamientos y no por tonterías.

Es que perdemos tanto tiempo valioso en tonteras. A veces deberíamos valorar mucho más nuestro tiempo. Recordemos que

solemos pelearnos por lo que sucede en la pecera cuando Dios nos dió los océanos.

Después nos preguntamos por qué nuestros jóvenes no se sienten atraídos por el Evangelio o por qué no se comprometen con la fe.

No hay arma más poderosa que la fe y mensaje más atrapante que el mensaje de la cruz, pero si menospreciamos lo que deberíamos defender y defendemos lo que es superficial, sembraremos pensamientos como los que somos testigos que hoy existen.

Todo es necesario pero en su debido lugar, si no somos una generación que forme pensamiento relevante estaremos cayendo en la inconsistencia de nuestra misión.

ORACIÓN:

Señor no quiero ser uno más del montón, he comprendido la importancia de ser relevante, de que mi aporte al Reino sea significativo, ayúdame a crecer y a formarme para ser distinto, ser peligroso, para sembrar pensamientos que cambien vidas.

Amén.

CAP 02

LA RELIGIOSIDAD ES FÓBICA

DEBERÍAMOS SINCERARNOS
QUE HA HECHO MÁS DAÑO EL
LEGALISMO RELIGIOSO QUE EL
ATEÍSMO SINCERO

#MENTESPELIGROSAS

LO MÁS EXTRAÑO DE DIOS

Se han escrito millones de páginas acerca de Dios y todavía no hemos agotado la necesidad que tenemos de hablar de Él. Es que Dios no es un ser listo para escuchar plegarias y actuar porque no le queda otra, como si fuese sólo parte de su marketing hacerlo. Ni tampoco es una energía cósmica que envuelve todas las cosas. Dios es Dios. Esto significa que no puede ni podrá jamás estar encerrado en una definición. De ahí, el mandamiento de no hacer imagen de Dios, porque no podemos reducirlo a algo. Él es infinito y eterno, dos conceptos difíciles de comprender para aquellos que estamos sujetos a lo finito y temporal.

El artista busca una forma de comunicar acerca de Dios y utiliza arbitrariamente objetos que resuman lo que Dios es para él.

Por siglos la iglesia ha comprado símbolos que nos ofrecen la idea de Dios. Pensamos en el rayo de luz, en la cruz, en el cielo, en la paloma, en el fuego o lo que sea, y nada de esto alcanza, ni alcanzará.

Uno de los peores errores de la religiosidad, es justamente éste: haber pretendido hacerse una imagen de Dios, por medio de ritos, liturgias, costumbres, leyes y mandatos.

Es sabido que no hay peor empresa, que aquella que nace sabiendo que fracasará y la religiosidad debería saberlo: es imposible encerrar a Dios en algo. Él es, es todo lo que puede ser.

Sé que suena raro y complicado, pero quiero compartirte esta gran verdad: Dios es más de lo que pensamos y creemos. Porque Él supera todo lo que nosotros podríamos suponer. De hecho, no depende de nuestras suposiciones.

Justamente el acto de suponer está directamente relacionado con la capacidad de especular que todos tenemos y nos ubica en un lugar de poder. Digo poder porque, si son el hombre o la mujer quienes crean a Dios bajo sus suposiciones, Él dependerá de ellos y entonces sí, Dios es solo una creación, basada en nuestra necesidad de que exista un ser superior. Pero nada de lo que supongamos, puede modificar lo que Él es.

Si todo el universo decidiera que Dios no existe, Él seguiría siendo. Porque su existencia no depende de nosotros.

Lo más extraño de Dios es que haya decidido compartirse con nosotros, por medio de Jesús.

Jesús se hizo humano para compartirse y revelarse a nosotros.

Filipenses 2:5 al 7

Haya, pues, en vosotros este sentir que hubo también en Cristo Jesús, el cual, siendo en forma de Dios, no estimó el ser igual a Dios como cosa a que aferrarse, sino que se despojó a sí mismo, tomando forma de siervo, hecho semejante a los hombres; y estando en la condición de hombre, se humilló a sí mismo, haciéndose obediente hasta la muerte, y muerte de cruz.

Jesús tomó la forma de los hombres para servirnos de ejemplo desde nuestra misma condición pero también como demostración de su gran amor por nosotros.

Esta no es justamente una acción que lo debilitó, como algunos suponen, sino que demostró su gran poder y fuerza. Esta fuerza amorosa nos muestra el deseo de Dios de compartirse. Dios no se mantiene en un lugar alejado de nuestra realidad y nos mira sin entender nuestro pasar mundano. Todo lo contrario. Al compartirse haciéndose semejante a nosotros, dejó bien clara su intención de acompañarnos en lo que tengamos que enfrentar como hombres y mujeres.

UN DIOS QUE SE DA A CONOCER

Los ídolos sólo son muestras mejoradas, en su máxima potencia, de lo que nosotros podríamos llegar a ser. Es decir, que los ídolos solo son expresiones de deseos de nosotros mismos. Todo ídolo está basado en lo que conocemos, imaginamos o desearíamos hacer de nosotros, los humanos. Por eso, Dios no es un ídolo, y no hubiésemos podido conocerlo sino se hubiese compartido en su Palabra.

Esto es oportuno aclararlo, por el solo hecho que, debemos aprender a reconocer que no es una conquista nuestra haber conocido a Dios, sino un regalo de Él.

El hombre, como creación, se jacta de haberlo descubierto, de haberlo construido y algunos hasta de haberle creído y aceptado, cuando nada de esto sería posible si Él mismo no se hubiese dado a conocer.

Muchos ateos roban frases lógicas para convencerte (es decir, para «vencer tus convicciones») de que Dios no existe. Y muchos religiosos, también, se disfrazan de amor para convencerte que Dios es como ellos dicen que es.

Ni los unos ni los otros, se han planteado que a Dios no se lo conocería jamás si Él mismo no hubiese deseado darse a conocer.

¿Qué quiero decir con esto? Que tenemos el tremendo privilegio de conocer a alguien que escapa de nuestra comprensión y lógica. Que sólo podemos pensar en lo que Dios es, porque él mismo lo deseó. Si no, esto sería imposible para nuestra mente finita.

El eterno amor, la profunda paz, la entrega y la gracia, etc., jamás podría haber sido pensada por alguien, si no hubiese sido revelada por Dios mismo.

Las cualidades de un Dios imposible de pensar en todo su esplendor no hubiesen sido posible de conocer si no hubiese estado en Su deseo.

Me tomo el tiempo para que pensemos esto, porque creo que es sumamente importante definir que nada de lo que reflexionemos acerca de Dios lo hubiésemos descubierto por nuestros propios medios, sino con el amor que Dios tuvo al darse a conocer.

Es decir que tiene más que ver con lo que Dios es, que con lo que el hombre y la mujer supusieron en la religión que Dios fuera.

La religiosidad nos separa del Dios Verdadero porque no nos deja ir al encuentro de lo que Él desea que sepamos de Él mismo.

No quiero hacerla muy complicada pero creo que deberíamos, con total sinceridad reflexionar que, cuando convertimos a Jesús en leyes humanas creamos a un Jesús lejos de lo que él deseó que conociéramos. Y esto es lo más dañino de la religiosidad legalista.

Escuchar a la gente decir «Yo creo en Jesús pero a mi manera», «Yo creo en Jesús pero no en la religión». Dos formas de denunciar que estamos errándole al blanco. Si deseamos conocer de Dios y de la obra de Cristo y el obrar de su Espíritu, debemos ir hacia ellos y alejarnos de nosotros mismos.

Por eso declaro No a la religión fóbica y sí a la relación revelada. Sólo de esa manera podremos convertirnos en mentes peligrosas.

LOS TEMORES MÁS ABSURDOS

Sostengo, sin temor a equivocarme, que la religiosidad legalista es fóbica. Y no estoy exagerando. Cada vez estoy más convencido de que hay que esconderse detrás de muchos temores para convertirse en una persona religiosa. Piensa en esto nuevamente: cuando te encuentres frente a un religioso, podrás observar una persona temerosa de todo.

Aclaremos que llamamos fobia a todo temor desmedido por algo que nos paraliza.

Déjame compartirte algunos de los temores que se ocultan detrás de la religiosidad legalista.

LA RELIGIOSIDAD ES PANTOFÓBICA

La pantofobia es el temor a lo que puede suceder sin nuestro control.

Para la pantofobia todo asusta y es digno de ser temido. Y para la religiosidad legalista, también. Todo pasa a ser peligroso para el legalista. Lo que se dice es peligroso, y lo que se piensa, aún más.

Los jóvenes son peligrosos, y mucho más si opinan. Los universitarios son peligrosos porque traen el mundo a la iglesia. Los artistas son peligrosos porque son mundanos. La música es peligrosa porque es diabólica. Las ciencias sociales son peligrosas porque imponen poder de crítica. Las profesiones son peligrosas porque enseñan cosas que no debemos saber. Los que tienen autoridad son peligrosos. Los que traen un mensaje fresco son peligrosos. Los que desean el cambio son peligrosos. Los que son testimonios del poder de Dios son peligrosos. Los restaurados son peligrosos.

Cuando un pastor o líder es un religioso legalista, ve a los demás como peligrosos. Los ataca, los persigue y los desanima.

Todas estas amenazas nacen porque la religiosidad le teme a todo, pues todo debería estar bajo su control.

Cuando las cosas se renuevan o cambian, se descontrolan y por consiguiente, pasan a ser una amenaza.

La iglesia de hoy, es decir nosotros (ya hablaremos de esto más adelante) necesitamos del peligro. De que nos muevan los cimientos de nuestras creencias. Necesitamos pensar, reflexionar, meditar las cosas que creemos y como las creemos. Esto puede ser peligroso y debemos hacerlo justamente para no convertirnos en religiosos legalistas.

¿Quiéres dejar de ser religioso?, arriésgate a perder el control. A hacer cosas peligrosas. ¡No sé qué significará en tu contexto hacer cosas peligrosas, pero hazlas! Tal vez signifique ir a la universidad, porque nadie de tu familia y hasta de tu iglesia, han pasado por la universidad. O tal vez sea, teniendo amigos que no son cristianos, y durante años te han sembrado el pensamiento que no debes acercarte al mundo. Si es así, arriésgate y ¡Hazlo!

LA RELIGIOSIDAD ES LOGOFÓBICA

Es extraño que existan personas que le teman a las palabras. De hecho, es imposible creer que se pueda vivir, no deseando escuchar palabras porque te generen temor. Pero, aunque no lo creas existe un padecimiento que se llama «logofobia» que es nada más y nada menos que, el miedo a las palabras.

Con el paso del tiempo y al adquirir experiencia en el consultorio psicológico que dirijo, pude ser testigo de muchos asombrosos temores. Algunos de los más ilógicos e impensados, dentro de los cuales la «logofobia» debe seguramente ocupar los primeros lugares.

La logofobia es un temor que paraliza cuando se está frente a la presencia de las palabras. No cuando se habla, ni cuando se lee sino cuando se «siente» que se está frente a la presencia de «palabras».

En algún recóndito sector del perfecto y misterioso pensamiento de Dios, nació la decisión de que la revelación de lo que Dios es, y de su plan por medio de Jesús se exprese en palabras. ¿Qué quiero decir con esto? Que de todas las posibles formas de ser conocido, Dios decidió mostrarse por medio de las palabras, de su Palabra.

Se crearon las cosas por medio de sus palabras y dió su Palabra al pueblo para que lo conocieran.

Se cree que más de 300 millones de blogs están olvidados en el internet. En algún momento fueron sitios estrella, y hoy son sólo sitios abandonados. Así también sucede con lo que hace el hombre y lo que no viene de Dios. Eso diferencia La Biblia de otros libros, que la Palabra de Dios cambió al mundo y nunca dejará de ser, no como una obra literaria, sino porque contiene las verdades de Dios.

A diferencia de otras sabias palabras, la Palabra de Dios, no puede ser roída. Es decir, que no puede ser desgastada, tiene una fuerza y un poder que la hace indestructible en nuestra mente. Las demás palabras pueden ser limadas por nuestra manera de pensar pero la Biblia tiene una capacidad de permanecer eterna. Pasan los años, las etapas, las eras y ella sigue intacta. Es lo que los escépticos y ateos no han podido explicar: como a pesar de tantos intentos por destruirla y enseñarla mal, la Biblia sigue en pie como la primera vez. A pesar de los religiosos legalistas el mensaje de Dios se mantiene intacto.

¿Qué hubiese sido de nosotros si no hubiésemos podido conocer a Dios?

¡Estaríamos perdidos!

Pero su Palabra nos permite volver a vivir aún cuando merecemos estar muertos. Es justamente su Palabra la que nos anima a creer y en quién creer.

Si Dios escogió que le conozcamos mediante su Palabra, ¿Qué nos sucedería si la desechamos? Apártate de la Palabra y sólo encontrarás religión sin relación.

El religioso legalista es logofóbico porque teme a la Palabra. La desecha, la vuelve inefectiva, la vuelve aburrida. Arma doctrinas sin sentido y enseña principios absurdos, que están lejos del corazón de Dios.

Si el religioso legalista se topara con la Palabra, la esquivaría, gritaría para no escucharla, buscaría errores y jamás reflexionaría sobre ella.

La persona religiosa legalista depende de sus propias suposiciones, sus propias costumbres y amolda la Palabra de Dios según su conveniencia.

Nuestros pensamientos deben estar sujetos a la Palabra y no a nosotros mismos. Y esto también incluye, no forzar a que la Biblia diga lo que nosotros deseamos que diga.

Conozco muchos lugares donde se presentan como la iglesia que «predica la sana doctrina» y que sólo son pensamientos de hombres convencidos en sus argumentos. No tienen nada que ver con el sentir de lo que Dios deseó alguna vez para nosotros. Ponen pesadas cargas sobre los jóvenes que ni ellos podrían llevar. Generan malestar con mandatos que terminan sembrando culpa o peor, obligando a una doble vida.

Siempre me extrañó como existen seminarios en nuestro continente que tienen la imagen de que ahí sí, se enseña la *sana doctrina* y que cuando uno conoce más detenidamente a estos lugares, suelen ser lugares oscuros, faltos de amor y totalmente inservibles a la realidad de la gente. Algo no me cierra.

Recuerdo el comentario de un adolescente que me dijo: «Mis líderes sostenían tal cosa hasta que tuvieron que cambiarla y aceptarla porque sus propios hijos la practicaban».

Tener acceso a la Palabra de Dios es lo mejor que nos pudo haber pasado y debemos enterarnos que Dios es más inteligente que nosotros y que no es necesario que ayudemos a la Palabra a decir lo que ella no dice.

Cuando por nuestra forma de entender las cosas, nuestra historia vivida o nuestro contexto, le hacemos decir a la Palabra lo que ella no dice, nos convertimos en religiosos logofóbicos.

Si deseas salir de la religiosidad mantente firme en la Palabra aún cuando ésta no concuerde con tus normas, costumbres o pensamientos.

La iglesia no es una empresa sustentada por estrategias de marketing sino una comunidad de amor y perdón que no deja hermanos caídos por ahí...

LIBERTAD NO ES HACER LO QUE QUERAMOS

Si en lugar de obsesionarnos con tener poder, hubiésemos dedicado la misma intensidad en aprender a amar, el mundo ya hubiese creído en Jesús

Para la verdadera amistad no existe la distancia

UNA COSA ES ESTAR DISPUESTO PARA DIOS Y OTRA MUY DISTINTA ES ESTAR DISPONIBLE

Si quieres mostrar a Cristo, tienes que ser Jesús en tus acciones

TE IMAGINAS LO QUE DEBE SENTIR EL SEÑOR CUANDO ALGÚN CRISTIANO TE JUZGA POR ALGO QUE A JESÚS LE COSTO SU VIDA PARA PERDONARTE?

#MentesPeligrosas

continuemos la conversación

sígueme en @adrian_intrieri

LA RELIGIOSIDAD ES OPTOFÓBICA

La optofobia es el miedo a abrir los ojos.

En muchos textos bíblicos como en muchos conceptos litúrgicos y filosóficos, el «abrir los ojos» es una ilustración del «darse cuenta», del «tomar consciencia», o del simple hecho de «reflexionar». Su contra cara sería la incapacidad de pensar y de generar nuevas formas de ver las cosas.

Fuimos creados por Dios como seres reflexivos. Esto significa que todos contamos con la capacidad de modificar nuestra forma de pensar buscando crecer y profundizando el conocimiento de la verdad. Sin esta capacidad sólo seríamos presos de los instintos y actuaríamos casi como animales. Pero podemos aprender de la experiencia y de lo que los demás nos enseñan con su experiencia. Podemos sacar conclusiones nuevas y creativas, podemos luchar contra los obstáculos que se nos presenten encendiendo la fe para cruzarlos o destruirlos. Podemos capacitarnos, estudiar, escudriñar y saber. Y ésta capacidad no tiene fin. Dios la puso en nosotros para ser desarrollada. Es la capacidad de «abrir los ojos».

Pero tristemente, la religiosidad legalista impuso la optofobia. El religioso optofóbico, se encierra en sus argumentos y nadie podrá sacarlo de ahí. Sostiene mandatos y leyes equivocadas, ilógicas y mentirosas aún ante las evidencias más irrefutables, porque no puede razonar sanamente. Y ésto se nutre de un sentimiento de omnipotencia que lo anima a no escuchar consejos, ni aceptar opiniones que no concuerdan con lo que él sostiene, sacan conclusiones basadas en prejuicios y generalizan sin conocer.

Lo peor de la optofobia es que es sumamente contagiosa, debido a la sensación de poder que genera decir «yo lo pienso así y a mí nadie me va a hacer cambiar de opinión». Los que están alrededor de un religioso optofóbico, comienzan a tener las mismas conductas. Esto puede verse muy claramente en una iglesia liderada por un optofóbico.

EN EL LUGAR EQUIVOCADO

Debido a las charlas que dicto tengo la oportunidad de ir conociendo muchos músicos y predicadores que me bendicen y enseñan. En una oportunidad estaba conversando con un líder de una banda de rock que estaba muy triste por unos vídeos que habían subido a YouTube sobre él y su banda.

En estos vídeos, un supuesto hermano había resumido cientos de horas de conciertos donde supuestamente habían señales de que él y sus músicos eran satánicos. Había escenas detenidas de ellos tocando donde supuestamente un locutor comentaba que se observaban los dedos de las manos, y que estas hacían señales al diablo.

Pensé, ¡Qué difícil debe ser para este joven tener que soportar estas acusaciones! ¿Cómo podrías defenderte de algo así?

Él me compartió que durante mucho tiempo se había angustiado, enojado y hasta tenía miedo que algo le sucediera como resultado de estas denuncias infundadas.

Me dijo: —Nunca, ninguno de estos señores que gastaron tanto tiempo y dinero en hacer estos videos, me escribió, o me llamó por teléfono, como para ver si ésto que publicaría era verdad. No hablaron con mi pastor, para conocer mi testimonio, ni con mis vecinos, ni con nadie. Sólo lo publicaron, sin pruebas y creyendo que ellos tenían la razón. —

Estos vídeos generaron una oleada de chismeríos que nada tiene que ver con «corregirnos en amor», si fuera necesario. Y éstas personas que atacan y denuncian por medio de las redes sociales, creen profundamente que están en el camino de la verdad y no se dan cuenta que las redes sociales no están para corregir, pues no cumplen con esa función. Ninguno de éstos se dan cuenta de sus errores.

Habernos puesto como jueces de nuestros hermanos es no haber entendido nada de La Biblia.

Abrir los ojos es reconocer que somos débiles y que necesitamos que sea Dios quien guíe nuestros pasos y nos enseñe a pensar correctamente.

Contra lo que se cree popularmente, no hay personalidad más fuerte que la que se reconoce débil. Y por el contrario son justamente los más duros los que son más fáciles de romper.

¿Sabías que la caña de tacuara, muy común en tierras del Delta del Paraná en Argentina, puede llegar a medir 8 metros y puedes con mucha facilidad juntar sus extremos debido a que es altamente elástica? Esto la hace casi irrompible, debido a su elasticidad. Por el contrario, una varilla de pino, puede ser quebrada con facilidad debido a su dureza.

La capacidad reflexiva o la actitud de abrirnos a cambiar de manera de pensar, nos hace ser «flexibles», y por lo tanto fuertes en nuestras convicciones.

Los fariseos no pudieron «abrir sus ojos» para ver a Cristo. Sus estructuras eran demasiadas rígidas para permitirlo. Esto es religiosidad legalista.

Tener una vida de relación íntima con Dios y con los demás, tiene que ver con poner en práctica los principios y valores de

Dios. Que sea Él quien nos enseñe y no nosotros. Sé flexible frente a Él. Abre tus ojos, para ver lo que Jesús tiene para darte en este tiempo.

LA RELIGIOSIDAD ES FRONEMOFOBICA

Pero la optofobia no viene sola sino que produce otra fobia llamada fronemofobia que es el miedo a pensar. Juntas son un combo perfecto para la religiosidad legalista.

Sin abrir los ojos para reflexionar y sin pensar se construyen los argumentos más fanáticos alejados de la Verdad. No permitirse pensar o hacerlo pero equivocadamente, confunde la verdad, pero nunca nos olvidemos, que es la misma Verdad la que destruye los malos pensamientos y las mentiras. Parece un juego de palabras, pero no lo es. La Palabra de Dios y su verdad permanece para siempre, enfrentando a la religiosidad legalista y su falta de autenticidad.

Las cosas de los hombres dejan de ser, pero la Verdad de Dios, jamás pasará.

¿Qué importancia tendría el pensar bien? **Sólo cuando pensamos de manera correcta, podemos sacar conclusiones correctas,** asumir conductas correctas y vivir en consecuencia sobre la Verdad. De lo contrario, si no pensamos o pensamos de manera equivocada, estaremos sujetos a la ignorancia y a la mentira.

Todos tenemos distintas maneras de ver las cosas, pero esto no cambia lo que es verdadero.

Los perros ladran de la misma manera en todo el mundo, pero escribir el ladrido de un perro se hace de muchas maneras dependiendo del idioma. Por ejemplo, se escribe «guau» en español, «woof» en inglés, «wan» en japonés y «bub» en catalán. Pero un ladrido es un ladrido. Podemos escribirlo de muchas formas, aún sin ser en lo mínimo parecidas, pero ésto sigue siendo un ladrido. Sino, ¡Pregúntaselo al perro!

La Verdad acerca de Dios, de Cristo y de la fe, supera las culturas, pues es una verdad inamovible que traspasa cualquier cultura. Si pensamos como Dios piensa, alcanzamos la sabiduría para darnos cuenta de esta gran verdad.

Tengo el privilegio de viajar y estuve en muchos países con culturas muy diferentes. Los argentinos, especialmente los que vivimos en Buenos Aires, somos por lo general gritones, críticos, melancólicos y discutidores. Basta sólo con comprender los orígenes y el mensaje del tango para ver muy claramente estas características. Pero otros países tienen rasgos culturales muy diferentes: el colombiano es muy cortés y educado, el dominicano es muy jovial y alegre, el chileno es muy convincente y el brasileño dice ser «O mais grande do mundo». Todos estamos fuertemente relacionados por la globalización, cruzados por la tecnología, la música, la televisión y el cine, pero no todos nuestros países son iguales.

Saber pensar nuestra vida cristiana es comprender que debemos detenernos en las verdades incorruptibles de Dios y no en los detalles culturales.

El religioso fronemofóbico no acepta distinciones, no piensa de manera correcta y pelea y discute por cuestiones sin sentido.

La religiosidad legalista es fronemofóbica porque teme pensar.

En conclusión la religiosidad legalista es inefectiva porque es fóbica:

Es pantofóbica porque para ella todo puede ser peligroso

Es logofóbica porque le teme a las palabras.

Es optofóbica porque no abre los ojos.

Es fronemofóbica porque no piensa.

Y justamente estamos en tiempos donde si nuestro mensaje y nuestras acciones son religiosas nos convertiremos en inefectivos porque ninguna de estas características son las que Dios pensó para la iglesia, cuando el Señor diseñó el formato de la Iglesia la pensó peligrosa, trascendente, relevante y efectiva. Y la Iglesia somos tú y yo.

ORACIÓN:

Señor quiero declararme necesitado de ti, ayúdame a no caer en la religiosidad legalista. Enséñame a no temer a los cambios, a depender de tu Palabra, a tener capacidad reflexiva y a pensar correctamente. Comprendo que estás buscando una Iglesia diferente lejos de las suposiciones y cerca de la Verdad. Capacítame para compartir esta verdad con aquellos que están en religiosidad y ayúdame a convertirme en alguien relevante y peligroso.

Amén.

CAP 03

¿POR QUÉ LAS COSAS SON COMO SON Y NO CÓMO YO QUIERO QUE SEAN?

¿QUÉ TEMA ESE, NO? EL DE LA AUTORIDAD QUE CREEN TENER ALGUNOS PARA DISCIPLINAR SIN QUE NADIE PUEDA DISCIPLINARLOS

#MENTESPELIGROSAS

Porque en él fueron creadas todas las cosas, las que hay en los cielos y las que hay en la tierra, visibles e invisibles; sean tronos, sean dominios, sean principados, sean potestades; todo fue creado por medio de él y para él.

Colosenses 1:16

CUANDO DIOS HABLA, ¡ESCUCHA!

Cuando Dios nos recomienda que tengamos cuidado con algún tema, lo hace pensando en las consecuencias. Algunas decisiones nos ayudan a crecer y sus resultados nos hacen bien. Pero, hay decisiones que por su funcionalidad nos lastiman.

Por eso el pecado es pecado. Porque hace que funcionemos mal. Las *mentes peligrosas* son aquellas que comprenden que **permitir que algo haga que su vida funcione mal, es la peor de las ideas.** Y la palabra clave en este caso es: *función*.

Sin temor a equivocarme, déjame decirte que el pecado cumple la función de destruirnos. Nunca pecar es una buena idea.

Si la función de la electricidad es proveernos de carga eléctrica para que nuestros electrodomésticos funcionen, ¡Úsalo para eso! ¡No metas tus dedos en el tomacorriente porque seguro que la pasarás mal! No te recomiendo que lo hagas, como seguro que Dios tampoco te lo recomendaría.

El problema surge cuando a pesar de lo que escuchamos, luchamos por hacer lo que se nos plazca. Y cuando no aceptamos consejos, seguramente tendremos mayores posibilidades de equivocarnos. Y luego tendremos que hacernos responsables de las consecuencias de nuestras acciones. Entonces, no podemos quejarnos de los resultados, es decir, de las consecuencias. ¡La electricidad tiene su función y el pecado también! Recuerda esto: **el pecado es pecado por su funcionalidad.**

Existe algo que no podemos negar. Siempre que observamos a un amigo o amiga que hace lo que quiere, no teniendo en cuenta ningún consejo, si lo observamos bien, parece que vive libre y la pasa muy bien, ¡Pero no es así! Con el paso del tiempo, y con una buena observación, veremos que no está bien, que termina mal, con situaciones que no puede manejar. Los amigos que, en mi adolescencia, hacían mal las cosas, son aquellos que hoy en día terminaron peor. ¿Sabes por qué sucedió esto? Porque no pensaron en las consecuencias de los actos. No podemos ordenar nuestras vidas sin pensar en nuestras decisiones.

...y al que sabe hacer lo bueno, y no lo hace, le es pecado.

Santiago 4:17

Por el contrario, aquellos que tratan de hacer las cosas bien, tendrán menos probabilidades de vivir situaciones donde se equivoquen. Por supuesto que todos estamos expuestos a equivocarnos y a que nos sucedan cosas dolorosas e injustas, pero también debemos ser sinceros, si llevamos una vida ordenada tendremos menos posibilidades de estar frente a situaciones conflictivas.

Estamos en tiempos donde debemos tomar decisiones que afectarán el desarrollo de nuestras vidas. Una de esas decisiones que sí o sí debes enfrentar es: ¿Qué harás con respecto al pecado? ¿Convivirás con él o lo desterrarás?

No podemos convertirnos en *mentes peligrosas* si no deseamos hacer las cosas de manera diferente. Recuerda, no es la idea pensar religiosamente sino en su funcionalidad. Las personas que toman decisiones erradas producen una mente esclava, porque la funcionalidad del pecado es esclavizarte.

Jesús les respondió: De cierto, de cierto os digo, que todo aquel que hace pecado, esclavo es del pecado.

Juan 8:34

SABIDURÍA, UNA MALA PALABRA DE ESTOS TIEMPOS.

Cuando yo era niño, hablaba como niño, pensaba como niño, juzgaba como niño; más cuando ya fui hombre, dejé lo que era de niño.

1 Corintios 13:11

Quiero proponerte que profundicemos lo que vimos en el capítulo anterior.

Creo que estamos en tiempos donde las cosas no son lo que parecen. Casi sin darnos cuenta **hemos caído en el error de llamar a las cosas de manera equivocada, por eso a lo bueno llamamos malo y a lo malo bueno**. Esto no es nuevo, ya lo dijo el profeta Isaías:

¡Ay de los que a lo malo dicen bueno, y a lo bueno malo...!

Isaías 5:20

Me imagino a Isaías diciendo con bronca, con mala onda, casi como una queja furiosa, de que llegarían días que harían que llamemos a las cosas de manera equivocada. ¡Y creo que esos días han llegado!

¿Te diste cuenta que estos tiempos son tiempos extraños? Estamos en tiempos donde no estamos llamando a las cosas por su nombre. Y esto es sumamente peligroso. Porque en este caso, las cosas buenas no son tenidas en cuenta y al contrario estamos anhelando las malas. Por eso, por ejemplo, los que son inteligentes son tildados de aburridos y los que maltratan a los más débiles son llamados fuertes.

Nos cuesta saber qué es lo que nos conviene hacer, estamos constantemente pidiendo consejos acerca de nuestras acciones. Muchos jóvenes no tienen ni la remota noción de lo que deben hacer de sus vidas, no saben que estudiar ni cómo vivir.

No sabemos qué hacer, qué decidir, con quién relacionarnos, etc. Necesitamos constantemente que nos guíen y nos den claras directivas para saber si lo que estamos haciendo es lo correcto. Y por el contrario, tenemos una facilidad impresionante para hacer lo malo, tomar las decisiones erradas y relacionarnos con las personas que no deberíamos.

Creo que en rating de los pedidos a Dios debe estar en el *top five*, el noviazgo y la oración de *«¿Será él o ella la persona para mí?»*

Le dedicamos mucho esfuerzo en conocer cuál será la persona que será nuestra pareja y nos olvidamos de pedirle a Señor que nos haga a nosotros la persona justa para el otro.

Estamos tan desesperados por conocer cómo debemos hacer las cosas, porque no hemos hecho lo más importante, pedirle a Dios de su sabiduría.

Si tuviéramos su sabiduría podríamos darnos cuenta de qué sería lo mejor. Pero como la sabiduría no está de moda, como la hemos desechado y abandonado, nos equivocamos constantemente y llamamos de manera equivocada a las cosas, a lo bueno llamamos malo y a lo malo bueno y por eso estamos en tiempo de tanta confusión y error. Un pueblo débil es aquel que toma malas decisiones y lo mismo sucede con las personas.

Una iglesia no es iglesia hasta que accione el amor en aquellos que caen. Ya que en alguna vez estuvimos nosotros en ese lugar.

CUANDO ESTÁS LLENO DEL ESPIRITU SANTO, NO TE HACE PODEROSO, TE HACE MÁS PARECIDO A JESÚS.

Los jóvenes aprenden mejor de Jesús cuando les demostramos que nos importan más ellos que sus pecados.

Cuando comprenderemos que si la iglesia se encierra en sus cuatro paredes, no solo pierde su misión sino que también deja de ser iglesia.

Si sabemos que la innovación es imprescindible para ser efectivos en nuestro mensaje como puede ser que todavía hagamos lo mismo de hace 50 años.

NO DEBEMOS CAER EN EL ERROR DE DEPENDER DEL RECONOCIMIENTO HUMANO SINO APRENDER A MIRARNOS CON LOS OJOS DE DIOS.

#MentesPeligrosas
continuemos la conversación
sígueme en @adrian_intrieri

LA SABIDURÍA SE PIDE, SE RECIBE Y SE UTILIZA.

Y si alguno de vosotros tiene falta de sabiduría, pídala a Dios, el cual da a todos abundantemente y sin reproche, y será dada.
Santiago 1:5

¿Qué podemos hacer para ser jóvenes sabios? Debemos pedírselo a Dios, la Biblia es clara con respecto a esto. Déjame compartirte algo.

Una vida sin sabiduría es una vida propensa a la equivocación porque lo que te permite la sabiduría es la posibilidad de pensar en las consecuencias de las decisiones.

Si desearas ver una fotografía no podrías verla si te la pones pegada a tus ojos. Porque al tenerla tan cerca de tus ojos, todo se convertiría en oscuro. Si quieres ver una foto debes ponerla delante de tus ojos y a varios centímetros, pero no pegada a ellos.

La sabiduría funciona de la misma manera. Muchos toman malas decisiones porque las toman sin ver lo que sucederá. Toman decisiones a ciegas. Son aquellos que hacen las cosas sin pensar y las piensan después de hacerlas

La sabiduría nos ayuda a organizar bien nuestras decisiones, porque nos enseña el resultado que obtendremos. Por eso es tan importante que le pidamos a Dios que nos dé, de su sabiduría.

Pero aclaro, y éste es un pensamiento muy personal, no creo que la sabiduría sea una cualidad, es decir que existan personas que poseen sabiduría como otras son simpáticas, ordenadas o talentosas para la música o el arte. Personalmente me gusta pensar en la sabiduría como una herramienta que Dios desea darnos. Y como toda herramienta puedes tenerla pero no usarla, puedes jactarte de haberla usado en otra oportunidad pero no estar usándola hoy.

La sabiduría de Dios como herramienta, está disponible siempre que la desees usar. Él la da a quienes la pidan, abundantemente y sin reproche. Pero si es una herramienta, las herramientas se convierten en efectivas sólo cuando las usas. Puedes tenerlas pero no usarlas. Entonces no sirven para nada.

Y no puedes usar cualquier herramienta para cualquier uso, si deseas hacer las cosas correctamente usa las herramientas correctas.

Hay un dicho en mi país que más que un dicho se ha transformado en toda una filosofía de vida que dice: ¡Átalo con alambre!

Esta filosofía es la de arreglar las cosa como si fuera provisoriamente y dejarlo así para siempre, de una manera desprolija y temporal. Esta manera jamás es efectiva, sólo parece serlo, pero no lo es.

No puedes desear tener sabiduría y luego desecharla por tu propia opinión. **Si Dios te da de su sabiduría debes ser responsable y usarla cuando sea necesario.**

Si existen herramientas específicas para funciones específicas, debes usarlas para lo que han sido construidas. Solo así, podrás tener los mejores resultados.

No debes hacer como yo que suelo usar como destornillador al cuchillo.

La sabiduría de Dios como herramienta nos obligará a pensar sobre qué debemos hacer y de qué manera. Ser sabios es saber qué hacer, de la forma que debes hacerlo y en el tiempo que debes hacerlo.

Si deseas convertirte en una *mente peligrosa*, debes ser una mente sabia. Pero ésto sólo puede lograrse pidiéndoselo a Dios, que lo da a todos abundantemente y sin reproche.

DIOS NO DEPENDE DE NUESTRAS PERCEPCIONES.

Escuché en varias oportunidades frases como «*me fui de mi iglesia porque no sentía la presencia de Dios ahí*», o «*en esta iglesia no está la presencia de Dios...*» Déjame compartirte algo, ¿Quiénes somos nosotros para decir dónde está la presencia de Dios o si la presencia de Dios o el obrar del Espíritu Santo está en tal o cual lugar? **¿Acaso puede decir el barro al alfarero lo que debe hacer?** ¡Nosotros sólo somos barro!

¿No podré yo hacer de vosotros como este alfarero, oh casa de Israel? dice Jehová. He aquí que como el barro en la mano del alfarero, así sois vosotros en mi mano, oh casa de Israel.

Jeremías 18:6

Debemos darnos cuenta que Dios y su presencia no depende de nuestras percepciones. Dios está cuando lo sentimos y sigue estando cuando no lo sentimos. Porque no depende su presencia de nosotros.

Suponer que la presencia del Señor depende de nuestro sentir es un error muy grave.

...porque Jehová no mira lo que mira el hombre; pues el hombre mira lo que está delante de sus ojos, pero Jehová mira el corazón.

1 Samuel 16:7b

Puedes tenerlo todo pero si tus percepciones te juegan una mala pasada, sentirás que no tienes nada.

Debido a todo esto, es que debes tomar una decisión muy importante, no dependas de lo que sientes y aún más, revisa tus conclusiones, porque pueden estar basadas en malas percepciones. Las *mentes peligrosas* no dependen de sus sentidos y no basan sus conclusiones en apariencias.

ORACIÓN:

Señor ayúdame a no pecar y a rechazar aquellas cosas que cumplen la función de hacerme daño. No permitas que dependa de mis percepciones sino que pueda conocerte de una manera real sin temor a crear una idea incorrecta de quien eres. Quiero ser una mente peligrosa que sepa buscar alejarse del pecado y estar cada día más cerca de ti.

Señor, comprendo que en estos tiempos se instaló una filosofía de llamar a las cosas de manera errónea, no quiero ser parte de esto. Quiero aprender a llamar a lo bueno-bueno y a lo malo-malo. No permitas que caiga en el orgullo y tome malas decisiones. Necesito de tu sabiduría y necesito que me capacites para saber usarla.

Amén.

CAP 04

MENTES LIBRES Y PELIGROSAS

REVÉLATE CONTRA LOS QUE QUIEREN QUE SEAS UNO MÁS DEL MONTÓN CUANDO DIOS QUIERE HACER COSAS ÚNICAS EN TU VIDA.

#MENTESPELIGROSAS

LIBRES Y SUJETOS, TODA UNA CONTRADICCIÓN.

Es extraño y hasta contradictorio, pero déjame compartirte un concepto muy importante para que en la vida nos vaya bien y nos convirtamos en *mentes peligrosas*.

Si deseamos ser libres, debemos estar sujetos. ¡Si, ya sé lo que me dirás, que ésto es una contradicción! **¿Cómo puede ser que para ser libre deba estar amarrado o atado a normas, leyes y mandatos?** ¡Es extraño, pero es así!

Si deseas tener una *mente peligrosa*, deberás buscar tu libertad, pero no existe libertad sin responsabilidad. Justamente si deseamos ser libres, debemos estar sujetos a las responsabilidades.

No entres donde libremente no puedas salir.
Mateo Aleman (Escritor español)

Friedrich Nietzsche, filósofo alemán, declaró con soberbia: «Dios está muerto y el hombre es libre». Y luego sumó a estas palabras: «Ahora puedes hacer lo que quieras. No hay responsabilidad». Cuando escribía estas famosas palabras, estaba cometiendo uno de los errores más infantiles: no comprender que la vida, como todas las cosas, necesita de reglas para que funcione bien y nadie mejor que el Creador de las cosas para saber cómo debemos organizarla.

Hoy todos sabemos que el único que realmente murió fue justamente Nietzsche y Dios sigue intacto porque Él nunca cambia.

En todos existe la necesidad de sentirnos libres. Una de las preocupaciones más profundas es cuando sentimos que somos esclavos de algo. La libertad que todos tenemos es la cualidad de poder decidir, pero nunca esta libertad debe ser entendida sin la responsabilidad. Justo fue esto lo que Nietzsche obvió, pues no tuvo en cuenta que no existe posibilidad de disfrutar de la libertad sin pensar en las consecuencias de nuestras acciones.

La libertad supone responsabilidad. Por eso la mayor parte de los hombres la temen tanto.

George Bernard Shaw

SUBIR PARA CAER

Déjame contarte una historia que es parte de la mitología griega. Es la historia de Sísifo, un joven que era esclavo de sus propias conductas. Por supuesto que estas historias no son verídicas, pero nos ayudan para que podamos reflexionar si estamos viviendo alguna situación similar a la de Sísifo.

Cuenta el mito griego que Sísifo era un joven muy prolijo y comprometido con la vida. Había derrotado a la muerte engañando a uno de los dioses más caprichosos y envidiosos llamado Zeus.

Al verse derrotado por el fuerte temperamento de este joven, Zeus lo condenó a un cruel castigo por toda la eternidad. El joven triunfador, debía subir con mucho sufrimiento, utilizando sus brazos y hasta lo último de sus fuerzas, una pesada roca hasta la cima de la montaña. Pero cada vez que estaba a punto de llegar a la cima, se le resbalaba de las manos y la pesada roca caía al vacío. Desesperado y agotado Sísifo descendía rápidamente para volver a tratar de subirla. Así pasó toda la eternidad, en tal pobre, agotadora y desdichada tarea.

Algunos son como Sísifo, pelean contra las mismas debilidades, no pudiendo ser libres jamás. Luchan con sus fuerzas contra las conductas que los gobiernan y los obligan a ser de una manera que no desean ser. Y lo más triste de la vida de Sísifo fue que nunca se dió cuenta de la trampa. Debía dejar de hacer lo que estaba haciendo con tanta desesperación. Nunca se cuestionó por qué hacía lo que hacía. Sísifo una y otra vez era esclavo de una ley interior que lo destruía y lo frustraba. A esto llamaremos *compulsión*.

La compulsión es una fuerza que nos obliga a hacer algo que no deseamos sin saber por qué lo hacemos.

Como Sísifo podemos compulsivamente ser esclavos de nuestras acciones, aún sabiendo que sufrimos al hacerlo. Hay personas que les tienen tanta confianza a sus viejos problemas, que no los abandonan por cariño.

A veces la solución a nuestros problemas se encuentra jugando a pensar de una manera de la que no estamos acostumbrados. Hay personas que hacen una y otra vez lo mismo, y luego se quejan que las cosas no cambian.

Recuerda ésto: «Las debilidades se fortalecen con las malas conductas» así como también «Las adicciones se fortalecen con el consumo». ¿Qué quiero decir con esto?, que si deseamos vivir en libertad debemos cuidar nuestros puntos débiles y actuar responsablemente en ellos para no caer en la esclavitud.

Si tu debilidad es que eres una persona fácil de manipular, cuida con quien te relacionas. Cuida quienes son tus amistades, porque puedes ser una presa fácil de personas que se aprovecharán de ti. Si quieres ser libre de tu personalidad manipulable, no te expongas a personas que pueden hacerte daño y convertir tu debilidad en algo imposible de dominar.

A veces observo como chicas manipulables se vuelven mucho más dependientes porque se relacionan con chicos que las manipulan. Si deseamos ser libres, seamos responsables y cuidémonos.

Si deseamos ser felices debemos ser obedientes y estar sujetos a las leyes. Aquellos que hicieron lo que se les ocurría, sin tener en cuenta las normas para crecer sanos, lograron sólo ser esclavos de sus propios instintos y terminaron mal.

Todos necesitamos de las reglas, porque éstas nos ayudan a no caer en las metidas de patas. No podemos ser libres sin estar sujetos.

Todo aquel que lucha, de todo se abstiene...
1 Corintios 9:25

Pablo en este versículo comparte acerca de correr la carrera de la vida y que no todos alcanzan la meta, solo logran cruzarla aquellos que son disciplinados. ¡Una gran verdad!

Todos los días escucho en mi consultorio quejas de jóvenes que desean ser felices, pero sus vidas son desordenadas. Se quejan de que las cosas les salen mal, pero sus decisiones son desacertadas. ¿Cómo puedes explicar esto?

Si deseamos que la vida nos vaya bien debemos ser libres de nuestra propia opinión, sino seremos como Sísifo, subiremos nuestra roca hasta perderla para volverla a subir y nunca alcanzar ser felices en nada.

Jesús lo explica con mucha sabiduría cuando le dijo a un grupo de personas que habían creído en el:

«Si permanecieren en mis palabras, serán verdaderamente mis discípulos
y conocerán la verdad y la verdad os hará libres». Juan 8.31

Solemos conocer el final de este versículo y nos olvidamos de la primera parte. Queremos conocer lo que nos permita ser libres pero ignoramos que para alcanzar libertad debemos estar sujetos a las enseñanzas.

NOSOTROS DEBEMOS SER LOS QUE MARQUEN LA DIFERENCIA. CON QUE UNO SOLO SE LO PROPONGA TODO PUEDE CAMBIAR.

Los cristianos deberían proponerse alcanzar títulos, reconocimiento o logros pero no en la iglesia sino fuera de ella

Los primeros cristianos daban su vida por Cristo, los de ahora por sus tradiciones.

Madurez es tener la capacidad de decidir a quién abrazarás hasta la muerte y a quién por ser dañina la debes erradicar de tu vida.

Escuche por ahí que las grandes ideas revolucionaron al mundo, si esto fuera cierto, ¿por qué a Dios le pedimos de todo, menos grandes ideas?

SI COMPRENDISTE LO QUE VERDADERAMENTE ES SER CRISTIANO NO PODES AGARRAR LA PIEDRA Y ARROJARSELA AL PECADOR.

#MentesPeligrosas
continuemos la conversación
sígueme en @adrian_intrieri

Si pensamos en lo que Cristo les decía, sonaba bastante contradictorio, porque decía que una persona libre es una persona sujeta.

Primero debemos aclarar que Jesús no estaba evangelizando, estaba capacitando, porque los que estaban escuchando a Cristo eran *judíos que habían creído en él*. No eran personas que estaban pasando el tiempo sino estaban siendo discipulados directamente por Jesús. A éstos él les dice: Si ustedes hacen lo que yo les estoy enseñando serán verdaderamente mis discípulos y así podrán conocer la verdad y ésta los hará libres. ¿De qué debían ser libres? De sus propias percepciones que funcionan mentirosamente. Pero para lograrlo debían estar sujetos a sus enseñanzas. Suena raro, ¿No? Es que nos han hecho creer que la libertad es hacer los que se nos plazca, pero nada más alejado de la verdad, la libertad debe ser administrada.

Volvamos a las palabras de Jesús:

Si permanecieren en mis palabras, serán verdaderamente mis discípulos.

Para comprender mejor esta enseñanza, vayamos palabra por palabra sobre lo que Cristo dijo.

Si = Es una *conjunción condicional*. Las conjunciones condicionales expresan la condición que debe cumplirse para que se cumpla con el objetivo de lo dicho. Algunos desean alcanzar cosas sin tener en cuenta la conjunción condicional. **Solo *si* permaneces serás...**

Permanecieren = Cuando oímos de Jesús la invitación a permanecer debemos pensar en ese estado de cualidad sin cambios ni mutaciones. Son aquellos que no cambian **su manera de pensar, su fe** presionados por nada ni nadie, sino que se mantienen firmes en sus convicciones.

Permaneced en mí, y yo en vosotros. Como el pámpano no puede llevar fruto por sí mismo, si no permanece en la vid, así tampoco vosotros, si no permanecéis en mí. Juan 15:4.

En mis = Pueden existir muchas palabras pero solo las de Jesús son las que tienen autoridad para convertirnos en sus discípulos. ¿Tú a quién escuchas?

«Le respondió Simón Pedro: Señor, ¿A quién iremos? Tú tienes palabras de vida eterna». (Juan 6:68).

Palabras = Las palabras de Cristo son distintas, son palabras de vida eterna, que nos ayudan a crecer en nuestra fe. Son palabras con autoridad del cielo. No existe nada más importante para nuestra fe, que las palabras de Jesús. «El cielo y la tierra pasarán, pero mis palabras no pasarán». (Lucas 21:33)

Serán = Estamos frente a una conjugación verbal donde nos muestra lo que sucederá obligatoriamente. Si nos mantenemos firmes en las palabras de Jesús, obligatoriamente sucederá lo que nos promete.

Verdaderamente = Lo verdadero es lo real, lo que no admite discusión. Si decimos verdaderamente estamos intensificando la cualidad de real y verdadero. Es interesante como Jesús no solo estaba compartiendo que será real sino intensificando lo que será realmente.

Mis = Nos comparte el sentido de pertenencia, no son sólo lindas palabras sino las palabras de Jesús.

Discípulos = No son sólo aquellos que se convirtieron en seguidores de alguien sino que sus vidas reflejan las características de su maestro.

Es muy fácil repetir que *podremos ser libres si conocemos la verdad*, pero para que ésto suceda tenemos que reflexionar bien lo que

Cristo nos dice antes:

Sólo conoceremos la verdad que nos hará libres, si permanecemos en sus palabras. Es decir que, con la condición exclusiva de mantenernos firmes en las convicciones de las palabras de Jesús, solo así, seremos real y verdaderamente aquellos que pongan en acción sus enseñanzas. Todo esto nos llevará a la verdad y nos liberará de las mentiras.

Si deseas ser libre debes ser responsable de tu libertad. La libertad no es para cualquiera, **es sólo para aquellos que pueden y desean administrarla de la mejor manera.** Si alguien te dice, yo hago lo que quiero y después queda esclavo de las consecuencias de sus malas decisiones, analiza bien a la persona. Vas a ver que no hace lo que quiere, sólo es esclavo de sus debilidades.

Hay un precio que pagar para alcanzar las cosas. No todos están a la altura para lograrlo, porque hay que dedicarse, decidir, entrenar, sacrificarse. Para ser libre hay que trabajar y estar sujetos, aún cuando esto signifique ciertos sacrificios. Por eso la libertad no es para todos. Pero respóndeme, ¿La libertad es para ti?

No se puede ser una *mente peligrosa* en esclavitud las mentes peligrosas son aquellas que se responsabilizan de vivir una vida libre y sujeta a Cristo.

ORACIÓN:

Señor enséname a ser una persona responsable de mi propia libertad. No quiero como Sísifo estar compulsivamente atado a mandatos internos mentirosos. Quiero depender de las palabras de Jesús. Quiero ser una mente peligrosa que sepa ser libre y responsable.

Amén.

CAP 05

MENTES QUE DECIDEN PELIGROSAMENTE

JUSTAMENTE NO SE PUEDE
CONSTRUIR UNA ESPIRITUALIDAD
SANA CON UN DISCURSO
ESPIRITUALMENTE OMNIPOTENTE

#MENTESPELIGROSAS

¡APÚRATE!

Y al rayar el alba, los ángeles daban prisa a Lot, diciendo: Levántate, toma tu mujer, y tus dos hijas que se hallan aquí, para que no perezcas en el castigo de la ciudad.

Génesis 19:15

Las cosas pueden salir mal, pero se ponen peor si le sumamos malas decisiones.

La historia de Lot seguramente tiene mucho que ver con nuestras historias. Lo primero que debemos aclarar es que cuando relativizamos la palabra de Dios estaremos muy cercanos a las malas consecuencias.

Fíjate en esto, Dios llama a Abram y le promete una nueva tierra, llena de cosas impresionantemente bendecidas, pero le da una orden clara y precisa:

Pero Jehová había dicho a Abram: Vete de tu tierra y de tu parentela, y de la casa de tu padre, a la tierra que te mostraré. Y haré de ti una nación grande, y te bendeciré, y engrandeceré tu nombre, y serás bendición.

Génesis 12:1 y 2

No hace falta ser un erudito en idioma antiguos ni nada por el estilo para comprender cuáles eran las palabras de Dios hacia Abram. ¿Qué debía hacer Abram? Debía dejar su casa y su parentela. Y así lo hace, deja su casa con todo lo que significaba pero encontramos en el versículo 4

Y se fue Abram, como Jehová le dijo; y Lot fue con él...

Podríamos preguntar, ¿Abram, qué parte de *sin parentela* no has comprendido? Abram, relativiza la orden de Dios y lleva a su sobrino Lot con él. **Cuando relativizamos lo que Dios nos dice estamos frente no solo a desobediencia sino al error.** Y relativizar significa, restarle importancia a algo. Cuando dejamos pasar lo que Dios nos dice, comienzan los problemas.

Todos salieron de la tierra de la parentela de Abram hacia las tierras que Dios tenía reservadas como les había prometido, pero estas tierras estaban reservadas en el propósito de Dios para Abram, ¿Qué hacía Lot con él? Lot era el símbolo de restarle importancia a lo que Dios deseaba y se convertía en la clara señal de cuando hacemos las cosas a nuestra manera. ¡Cuando es así, suele terminar mal!

Subió, pues, Abram de Egipto hacia el Neguev, él y su mujer, con todo lo que tenía, y con él Lot.

Génesis 13:1

Siguen el camino hacia la tierra prometida y persiste la relativización y las malas decisiones. Encontramos que al cruzar por Egipto, Lot aún está con Abram. Pero comenzamos a ver lo que puede terminar mal.

También Lot, que andaba con Abram, tenía ovejas, vacas y tiendas.

Génesis 13:5

Cuando nos referimos a que Lot fue con Abram, no debemos pensar en Lot y una pequeña maleta de viaje, su cepillo de dientes y su iPod, sino Lot y todas sus posesiones: empleados, sirvientes, vacas, ovejas y muchas cosas más... Esto se pone interesante.

Y la tierra no era suficiente para que habitasen juntos, pues sus posesiones eran muchas, y no podían morar en un mismo lugar. Y hubo contienda entre los pastores del ganado de Abram y los pastores del ganado de Lot...

Génesis 13:6 y 7

Cuando Dios nos dice algo es porque Él conoce cosas que nosotros no conocemos. La mala idea de llevar a Lot, no era mala por discriminarlo sino por los inconvenientes que iban a suceder entre los pastores de Lot y los de Abram. ¡Y así sucedió! **Una *mente peligrosa* jamás relativiza la palabra de Dios, porque sabe que Él es más inteligente que nosotros.**

Entonces Abram dijo a Lot: No haya ahora altercado entre nosotros dos, entre mis pastores y los tuyos, porque somos hermanos. ¿No está toda la tierra delante de ti? Yo te ruego que te apartes de mí. Si fueres a la mano izquierda, yo iré a la derecha; y si tú a la derecha, yo iré a la izquierda. Y alzó Lot sus ojos, y vio toda la llanura del Jordán, que toda ella era de riego, como el huerto de Jehová.

Génesis 13:8-10

Abram quiere remendar la mala decisión de haber traído a Lot y le da la posibilidad de elegir hacia qué lugar debía dirigirse. Pero pensemos por un momento en lo que Abram se estaba arriesgando al dejar que Lot eligiera la tierra. ¿Si Dios estaba guiando a Abram hacia la tierra prometida, por qué le permite elegir a Lot? Extraño, ¿No?

Qué bueno que Lot eligió de manera egoísta y escogió la mejor tierra, lejos de Canaán pero cerca de Sodoma. Canaán era la tierra que Dios tenía reservada para bendecir a Abram y Sodoma era de lo peor que existía en esos tiempos. Sodoma eran tierras espectaculares pero de gente mala y Lot mira solo lo que le conviene y no piensa en las consecuencias de sus actos.

Entonces Lot escogió para sí toda la llanura del Jordán; y se fue Lot hacia el oriente, y se apartaron el uno del otro. Abram acampó en la tierra de Canaán, en tanto que Lot habitó en las ciudades de la llanura, y fue poniendo sus tiendas hasta Sodoma. Mas los hombres de Sodoma eran malos y pecadores contra Jehová en gran manera.

Génesis 13:11-13

Lot tomó varias malas decisiones que hicieron que las cosas terminaran mal. Encontramos a Lot y su familia viviendo en Sodoma, una ciudad que se caracterizaba por el mal.

Me pregunto: ¿Cómo hizo Lot para convivir en un lugar tan desagradable?

Podemos suponer que la familia de Lot se había conformado al contexto, se había camuflado y había soportado conviviendo con la maldad. Seguramente Lot y su familia no habían tomado en cuenta el peligro que significaba vivir donde vivían. Seguramente las primeras situaciones de maldad fueron insoportables, pero con el paso del tiempo, Lot y su familia fueron insensibilizándose de la maldad, hasta vivir rodeados de ella.

Dios decide destruir a Sodoma por la corrupción que reinaba en ese lugar y encontramos a Lot viviendo allí. Pero el Amor de Dios puede más que la justicia, por eso el Señor decide salvar a Lot y envía ángeles a rescatarlos: *Y los ángeles daban prisa a Lot.*

El pecado nos debilita y nos hace lentos. Desgasta nuestras convicciones. Nos hace altamente influenciables.

Debemos ser empujados a abandonar el pecado, por medio de la obediencia.

Dios enviará distintos medios para animarte a que abandones aquellas conductas y relaciones que te hagan mal, empujándote a dejarlos rápidamente. La historia de

Pasan las campañas y las cruzadas y sigue siendo la herramienta evangelística más efectiva, el amor.

Como no vamos a la iglesia sino que hacemos iglesia, cuando algo de la iglesia no nos guste recordemos que tiene que ver con nuestras acciones.

Invita a tus amigos a tomar un café y escúchalos. No te das una idea del poder que tiene un oído presto y una rica merienda.

SI DIOS FUE FIEL EN TU PEOR MOMENTO, SE FIEL A EL EN TU MEJOR MOMENTO

Algunos tristemente no creen que pueden porque sienten que tienen mas pasado que futuro.

CUANDO TE DAS CUENTA QUE HACER IGLESIA NO ES UNA OBLIGACIÓN SINO UN PRIVILEGIO

#MentesPeligrosas
continuemos la conversación
sígueme en @adrian_intrieri

Lot debe ser inspiradora para no caer en ese error: cuidemos nuestras decisiones.

Lograr el éxito tiene más que ver con las buenas decisiones, la perseverancia y la pertinencia que con el azar.

Hay decisiones que afectan nuestra vida y otras que infectan nuestra vida.

Te comparto una noticia que encontré en el internet que es realmente increíble acerca de las decisiones:

Le dijeron de todo. Cuando su historia trascendió, los medios y el público lo trataron de terco, lo tildaron de mentiroso y hasta se rieron despiadadamente de él.

Un hombre de la India juró que nunca bajaría su mano derecha y, desde el día de la promesa, hace casi cuatro décadas, no falló ni un sólo momento.

Según explicaron testigos de esta decisión, hace 39 años que Amar Bharati no baja su brazo, pese a los dolores profundos y la atrofia que le generó esa incómoda postura.

La pregunta obligada para entender a este hombre es por qué decidió comprometer sus palabras en semejante acto. Trascendió que en 1970, Bharati abandonó todo sus bienes materiales y se convirtió en monje errante. Tres años después, creyó que no había renunciado a todos los placeres de la vida por lo que hizo este juramento.

¡Increíble! ¿No? Sobre todo porque esta historia es real.

Si tuvieras que pensar en tus decisiones y sobre todo hacia dónde te están llevando, ¿Qué podrías encontrar?

Hay decisiones que afectarán tu futuro, éstas tienen que ver con aquellas decisiones que dejen una marca tan profunda que te llevarán a ser mejor persona. Son aquellas situaciones que dejarán cosas buenas en ti. Son acciones que te llevarán a ser distinto, a mejorar en tus conductas. Son pensamientos que sembrarán cosas buenas y destruirán las mentiras que te han impuesto. Éstas son las marcas positivas, y se notará que ya no eres el mismo.

Pero, ten cuidado, porque no todas las decisiones son buenas. También hay decisiones que te infectarán. Como un poderoso virus, destruirán todo.

En una oportunidad, llegó a mi consultorio una jovencita de 16 años obligada por sus padres, porque ella estaba en una relación de noviazgo a escondidas, con un joven que no le hacía bien. Esta jovencita, llamémosla Ana, desde que había conocido a este joven, había cambiado su forma de ser, su humor, forma de vestir, hasta su forma de tratar a los demás. Estaba disgustada con sus padres, porque ellos, al enterarse de su relación con este joven, le habían exigido que la detuviera. Y Ana no les hizo caso y siguió con este noviazgo, mintiendo y ocultándose. ¿Qué piensas que sucedió? Las distintas discusiones con el novio comenzó a entristecerla y como mantenía esta relación a escondidas tuvo que mentir constantemente sobre lo que le sucedía.

Cuando comenzamos a hacer mal las cosas, porque no aceptamos las buenas recomendaciones, las cosas se vuelven peores. Ana, que nunca había mentido ni engañado a nadie, se había convertido en una experta en eso. ¡Sus decisiones estaban infectándola!

Cuando conversé con ella, no sólo negó todo lo que estaba haciendo sino que no podía ni pensar en lo que este joven le producía. Cuantas veces gastamos más energías en justificar nuestras acciones que en hacernos responsables por lo que hicimos. No hay peor persona que la que no se hace cargo de lo que hizo.

Desde que estaba con él, había abandonado sus amistades, había cambiado su forma de ser y cada vez estaba más peleada con toda su familia.

De esto te estoy hablando. Debemos cuidar nuestras decisiones, debemos pensar en si las recomendaciones que recibimos están en lo correcto porque nos habla de la funcionalidad de nuestras acciones.

Este joven había sembrado cosas negativas en Ana, por lo que producía y Ana basándose en su propia opinión y en sus percepciones estaba engañada y presa de decisiones que infectaron su forma de ser.

¡A MÍ NADIE ME ENSEÑARA NADA!

Lo peor que podemos hacer, es olvidarnos de ser humildes y pensar que lo sabemos todo. Es verdad que seguramente tus padres no tienen todo el conocimiento en tecnología que tienes tú, que hasta pueden ser algo retrógrados en muchas maneras de pensar, pero esto no te convierte en un sabelotodo o en la doctora de la vida.

Puede ser que des miles de consejos a tus amigas o amigos sobre qué deben hacer con sus vidas, esto nos resulta bastante fácil hacerlo, podemos dar grandes consejos pero tener una vida destruida. Como dice el dicho: *En casa de herrero cuchillo de palo*.

CUANDO LA IDIOTEZ SE PUSO DE MODA

Pero sólo con verdadera humildad podremos ser personas inteligentes que analicen si los consejos que nos dan los mayores están en lo cierto.

¿Sabes cuál es la peor enemiga de las buenas decisiones?: la idiotez. No leíste mal, y no quiero sonar mala onda, pero lo diré sin rodeos, muchos jóvenes no escuchan sabios consejos porque están sumidos en la idiotez.

Hay que ser muy tontito para no darse cuenta que los demás tienen razón y no hacer nada al respecto. Tú debes entenderlo bien, el peor peligro en la vida es volvernos tontos. Y estamos en tiempos donde la tontería está de moda. ¡Ten mucho cuidado en esto!

¿Te has dado cuenta, por qué aquellos que hacen las cosas mal son los más populares? Molestan a los más pequeños, se burlan de los que tienen algún defecto, no les va bien en sus estudios, suelen ser egoístas, etc. etc. etc. Y para colmo, son populares.

Hacen bullying y sus acciones son copiadas por otros. Pero en el fondo esconden mucha frustración e idiotez.

Y en la acera de enfrente tenemos a otros que desean ser buenas personas, que estudian, que son respetuosos, que desean ser mentes distintas y son tomados como débiles, ñoños, y losers. ¿Cómo puede ser ésto?

¿Por qué se ha puesto de moda la idiotez? No es cool ser sabio, al contrario. Estamos en tiempos extraños, pero estoy seguro que ésto tiene un claro objetivo: es más fácil dominar idiotas que sabios.

Tómate un tiempo para analizarlo. Por eso, **la Biblia nos anima a pensar sabiamente,** porque no hay peor enemigo que la idiotez.

Las decisiones tienen consecuencias y éstas no pueden ser dominadas, al contrario las consecuencias de nuestras decisiones nos dominan sin ningún esfuerzo. Si estas tomando malas decisiones, no podrás detener sus consecuencias, por eso no debes permitir bajo ningún punto de vista, que tus decisiones te infecten.

El sabio puede sentarse en un hormiguero, pero sólo el necio se queda sentado en él.
Proverbio oriental

En una oportunidad, una paciente de 14 años vino al consultorio y me pidió que por favor, hablara con sus padres. Ella me dijo llorando:

— Necesito que les digas a mis padres que estoy embarazada...

Me quedé sorprendido con la noticia, sólo me imaginaba todo lo que esta adolescente tendría por delante, enfrentar la noticia, llevar adelante el embarazo, la llegada del bebé y su crianza, pero le respondí:

— Perdóname pero, ¡No voy a decirles eso a tus padres! —

— ¿Por qué? — Me recriminó — me dijiste en una oportunidad que podría contar contigo pase lo que pase, ¿Por qué entonces no me ayudarás? — me dijo con lágrimas en los ojos.

— No dije que no te ayudaría— le respondí— dije que no se lo diré yo, tendrás que decírselo tú. Si quieres los invitamos y se los dices aquí, si deseas yo te ayudo a decírselos, a encontrar la forma y el momento, pero tendrás que ser tú la que se los digas... —

Me miro a los ojos, desahuciada pero entendiendo que era lo que debía hacer y me dijo la frase más sabia que escuché en el consultorio:

— Es increíble como la vida puede transformarse en cinco minutos—.

Esta jovencita, con sólo 14 años había aprendido una de las lecciones más importantes de la vida: las decisiones tienen consecuencias y debemos estar a la altura de las circunstancias para afrontar estas consecuencias.

Hay algunos que tiran la piedra y esconden la mano, y otros que han podido enfrentar los resultados es su decisiones y han crecido. ¿En cuál de las dos actitudes crees que estás tú?

ORACIÓN:

Señor, he comprendido que mis acciones tienen consecuencias y muchas de estas consecuencias pueden afectar mi vida para bien pero otras infectarla para mal. Enséname a ser sabio/a para no equivocarme. Que nunca relativice tu Palabra sino que sean tus palabras las que me ayuden a crecer y llevar una vida con sabiduría, liberándome de caer en la idiotez que está tan de moda. No permitas que caiga en la tontería sino que pueda crecer en mis decisiones.

Amén

CAP 06

MENTES CON PROXEMIA Y PELIGROSAS

SOLO AQUELLOS QUE FUIMOS PERDONADOS SABEMOS DEL PODER INFINITO DE LA GRACIA Y NO JUZGAMOS A NINGÚN HERMANO POR LO QUE CRISTO YA REDIMIÓ.

#MENTESPELIGROSAS

PROXEMIA, UNA PALABRA COMPLICADA.

¿Te diste cuenta que hay cosas que las sentimos cerca y otras las sentimos lejos? ¿Por qué será esto? ¿Por qué existen personas que aún viviendo a miles de kilómetros las sentimos cerca nuestro, mientras que a otras que viven en nuestra misma casa las sentimos lejos?

Quiero compartirte una palabra que tienen muchos que ver con nuestras vidas. Es extraña pero tiene una enseñanza muy importante, es la palabra *proxemia*.

La palabra **proxemia se refiere al espacio que construimos con las cosas, con las personas y con nosotros mismos.**

La proxemia está más presente en nuestras vidas de lo que nos imaginamos. Por ejemplo, si estás en la fila del banco esperando para pagar algún impuesto o hacer algún trámite, seguro que no te agradará si alguien se acerca demasiado a ti, porque sentirás que esta persona está *invadiendo tu espacio*. Esto sucede justamente porque en ese lugar construiste un espacio que hace que las personas estén más alejadas que en otras circunstancias.

Podríamos decir que el espacio proxémico en una fila de un banco es más grande que en otros momentos, por eso si alguien esta demasiado cerca nuestro, sentimos que está invadiéndonos.

Si pensamos en un concierto o en un evento deportivo el espacio proxémico seguro que será muy distinto. En un concierto estarás saltando, pateando, todo sudado, empujándote con personas que ni siquiera a conoces. En estas situaciones, casi no hay espacio proxémico.

¿Por qué supones que es necesario que aprendamos que existe un espacio proxémico? Porque justamente no sólo construimos proxemia con las cosas, con los objetos y con las personas sino también con nosotros mismos.

El concepto de proxemia es tan importante que aún Jesús habló de ello. ¿Cuándo fue ésto? Cuando él dijo:

¿O cómo puedes decir a tu hermano: Hermano, déjame sacar la paja que está en tu ojo, no mirando tú la viga que está en el ojo tuyo?

Lucas 6:42

¿Por qué nos es tan fácil ver los errores ajenos y no los propios? Por una cuestión de proxemia, porque nos es más fácil ver las cosas de los demás que las propias. A los demás podemos verlos pero nos es muy difícil vernos a nosotros mismos.

Hay cosas que no podemos ver con claridad porque están tan pegadas a nosotros mismos que es imposible conocerlas, es que en esos casos no existe espacio proxémico.

Por eso podemos ver muy claramente los errores en los demás pero no los nuestros. Y de la misma manera, los otros pueden ver tus errores, que tu no puedes. Porque están tan encima de nosotros mismos que no hay espacio proxémico para saber que existen.

Sería muy gracioso si te sucedió que al ver este libro hayas pensado, ¡*Qué bien que le vendría a fulano o mengano leer este libro!* . ¡Porque tal vez este libro no era para fulano o mengano sino para ti! Es que tenemos bien claro cuáles son las debilidades y desaciertos de los fulanos y los menganos pero nos cuesta ver las nuestras.

Recuerdo una oportunidad cuando un padre trajo al consultorio a su hijo de 13 años, trayéndole casi a los empujones, entró tomándole por uno de los hombros y me dijo:

—Acá te lo dejo, ¡Arréglamelo!—

¡Yo me sonreí! Ni que fuera un mecánico que me traen jóvenes para que les haga chapa y pintura, les cambie el aceite y les revise los frenos, ja ja ja.

Debo serte sincero, lo que pensé en ese momento, es que el padre era el que necesitaba terapia, ja. Podemos tener claridad de la ayuda y los cambios que los demás deben hacer pero caer en el error de no ver los nuestros.

En este capítulo vamos a compartir esta verdad, debemos crear un espacio proxémico para que Dios nos revele cuáles son las cosas que debemos cambiar en nuestra forma de ser. Que las saque a luz, que nos las muestre, que la denuncie, para que podamos conocerlas y cambiarlas.

PIAGET, PLATÓN Y VYGOTSKY TRES TIPOS BUENA ONDA

Piaget fue uno de los psicólogos más notables del siglo XX, y sus grandes aportes están relacionados con responder a cómo aprendemos sobre las cosas. Nació en Suiza y su padre fue profesor de historia medieval, me imagino hablándole al pequeño Piagetito sobre armaduras, reyes y combates.

Y te cuento algo interesante de Jean Piaget, era él rebelde, discutidor con sus profesores y el nerd de su colegio, imagínate como deben haberle hecho bullying. Tan nerd era, que su primera investigación fue a los 10 años, sobre las características del gorrión. A los 15 años ya había publicado varios escritos sobre las características de los moluscos y era consultado por varios museos y científicos.

Una de las cosas que enseñó Piaget fue que el hombre y la mujer tenían una capacidad diferente a otras criaturas: era la capacidad de *toma de conciencia*. Cuando hablemos de conciencia nos referiremos a todo aquello que podemos conocer y al conocerlo podemos modificarlo.

De la misma manera que nunca podríamos abrir un documento de Word con el Excel, ni podremos abrir un archivo de Power Point con el Word, porque le son desconocidos, nosotros no podemos cambiar las cosas que no conocemos que existen. Y sólo conocemos las cosas si las tenemos conscientes. Pero aclaremos algo, para Piaget, no es lo mismo *conocer* que *toma de conciencia*, porque al conocer solo sabemos de su existencia pero al tomar conciencia podemos modificarlo.

Hay muchos jóvenes que saben lo que no les conviene hacer, pero lo hacen igual, conocen lo que les conviene pero no modifican sus conductas. Se puede conocer y no tener toma de conciencia, pero al revés, para tener toma de conciencia debemos comenzar conociendo.

La toma de conciencia es la capacidad que todos tenemos de conocernos y cambiar nuestra manera de pensar y de la visión que tenemos de las cosas. Una de las características más importantes que tenemos es justamente esa, podemos ser distintos, mejores, más sabios y solo por esta capacidad podemos aprender.

No podemos permitir que la iglesia se instale en la falta de ideas relevantes y la ausencia de un compromiso profundo con la realidad.

Llegará el momento en que se prohibirán y destruirán los templos así no nos quedará otra que hacer iglesia.

El cristiano debería ser reconocido por su generosidad.

SI LA CANTIDAD DE ACTIVIDADES EN NUESTRAS IGLESIAS HACE QUE NO TENGAMOS TIEMPO PARA HACERNOS AMIGOS, ALGO ESTAMOS HACIENDO MAL

DEBERÍAMOS SINCERARNOS QUE HAY GENTE QUE NO QUIERE IR A LA IGLESIA PORQUE A VECES NO ESTÁN BUENAS NUESTRAS IGLESIAS

#MentesPeligrosas
continuemos la conversación
sígueme en @adrian_intrieri

Ésta es una capacidad única y un regalo de Dios. ¿Sabías que puedes ser lo que quieras ser? ¿Sabías que tienes la capacidad de ser algo diferente a lo que eres hoy?

Todos podemos ser distintos, podemos mejorar o también hasta podemos empeorar, cualquiera de estas dos posibilidades están presentes en nuestras vidas.

Cuando escucho frases tan pobres como ¡A éste ni Dios lo cambia!, pienso, cuánta mentira hay en este dicho, porque **todos absolutamente todos tenemos la capacidad real de ser diferentes,** la capacidad de toma de conciencia. Hasta el último día de nuestra existencia podremos hacer uso de la toma de conciencia, para cambiar algo de nuestra forma de pensar o de ser y cuánto más uso le demos, más fácil será cambiar.

SU AMIGO VYGO

Existió otro pensador llamado Vygotsky, de apellido extraño y sus nombres más todavía, porque se llamaba Lev Semionovich, que sumó otra idea a la toma de conciencia que escribió sobre: la *capacidad reflexiva*.

Vygo, lo llamaremos así, sumó este concepto que me parece extraordinario.

Seguro que en alguna oportunidad te preguntaste ¿Por qué eres como eres, por qué te cuesta hacer ciertas cosas o por qué no puedes cambiar otras? Vygo escribió sobre que todos nosotros tenemos *capacidad reflexiva*, es decir, capacidad para reflexionar sobre todas las cosas.

La reflexión es la capacidad de flexionar nuestra ideas, es decir de hacerlas flexibles, de poder modificarlas. Algunos son muy duros en su forma de pensar y aún dándose cuenta que están equivocados, no darán *el brazo a torcer*, es decir, no serán flexibles o Vygo diría, que no tienen capacidad reflexiva. Pero a Piaget y a Vygo quiero sumar a otro pensador, Platón.

Y MÁS AGREGÓ PLATÓN

Platón fue un filósofo de la antigüedad, uno de los más importantes. Permíteme contarte algunas cosas sobre él. Platón nació en Atenas, Grecia y ese no era su nombre sino que era su apodo, su verdadero nombre fue Aristocles. Algunas de las cosas a tener en cuenta es que por ejemplo, era cabezón y varios historiadores hicieron comentarios sobre lo ancha que era su frente. Habrá recibido varias burlas sobre el tamaño de su cabezota, pero seguramente no podrías habérselo dicho muy de cerca porque una de las actividades que practicaba era la lucha y de hecho su apodo de Platón, significa de *hombros anchos*, así que debería tener una contextura física bastante grande. Él tenía un carácter bastante complicado y solía decir que *el hombre era un animal de dos patas y sin plumas*. Suena bastante mala onda ésto, ¿No? pero aunque no lo creas, Platón fue al mismo tiempo el que invento el dicho *debes encontrar tu media naranja*, haciendo alusión de las parejas y de él nace el famoso *amor platónico* refiriéndose a los amores imposibles.

Platón escribió en uno de sus libros, la República, la famosa *Alegoría de la caverna*, donde idea toda una situación para explicarnos algo muy importante, por qué somos presos de nuestra opinión.

En esta historia, Platón ubica a unas personas que desde pequeños fueron encadenadas el fondo de una caverna, dando sus espaldas a la entrada donde la luz de afuera proyecta todo tipos de sombras sobre la única pared que los hombres podían obligatoriamente ver.

Estos hombres pasan toda su vida creyendo que estas sombras son la imagen real de las cosas, sin darse cuenta que sólo eran sombras.

Pero uno de ellos logra escapar, logra liberarse de esas cadenas y huye hacia el afuera descubriendo que sólo estaban presos de sus propias opiniones porque sus ojos veían engañados solamente el reflejo de lo que era verdadero.

Desesperado regresa a la cueva para compartir estas nuevas noticias liberadoras a sus compañeros, pero lo toman por loco y se entregan a creer sólo en las sombras reflejadas en la pared de la cueva.

Esas personas somos nosotros, hombres y mujeres que descansamos en lo que pensamos o creemos en nuestra propia opinión, en lo que nos han enseñado y en lo que nuestro alrededor sostiene. Esto no es más que la condición constante de los hombres y mujeres.

Las sombras son todos los pensamientos que estamos obligados a creer por qué *así debe ser*, son nuestras percepciones y sensaciones, que nos engañan. Son los complejos y las apariencias, son las especulaciones y los paradigmas.

Las cadenas son nuestra rigidez, nuestra incapacidad de poder reflexionar y de cambiar nuestra manera de pensar. Son pensamientos y opiniones, son conclusiones y mandatos sin toma de conciencia, sin la capacidad de ser humildes y buscar la verdad, de depender de nuestra manera obligada de ver las cosas.

Y estas cadenas no podemos abandonarlas tan fácilmente, ya que son tan fuertes que somos esclavizados a ellas.

La posibilidad de la libertad de las cadenas y huir simboliza el deseo de buscar la verdad, de adueñarnos de que podemos ser distintos, aprender que podemos modificar nuestra manera de ser.

PARA PENSAR

Tanto tú como yo tenemos la capacidad, y hasta te diría la obligación, de reflexionar sobre nuestra forma de pensar y actuar, porque así podremos proxémicamente, con la toma de conciencia, conocer y cambiar lo que nos hace daño.

Y aquí, nos enfrentamos al hecho que no podemos echarle la culpa a nadie, ni a tus padres, ni a la vida que te tocó vivir, ni a Dios. Eres tú y sólo tú, el responsable de poner en funcionamiento, la proxemia, la toma de conciencia y la capacidad reflexiva para cambiar tu situación.

Proxemia + toma de conciencia + capacidad reflexiva.

Crear espacio + conocernos + modificar las cosas.

Una mente peligrosa es una mente dispuesta a repensarse, es decir a cambiar todas las cosas que le son de estorbo. Aprender a reflexionar nos permitirá también aprender a pensar correctamente. **Si pensamos correctamente podremos comprender bien las cosas,** tomar buenas decisiones, construir buenas relaciones, etc. Por eso es importante que aprendamos a pensar sanamente, sobre todo a discernir entre los pensamientos correctos y las mentiras verdaderas.

EL PODER DE LAS MENTIRAS VERDADERAS

Pues aunque andamos en la carne, no militamos según la carne; porque las armas de nuestra milicia no son carnales, sino poderosas en Dios para la destrucción de fortalezas, derribando argumentos y toda altivez que se levanta contra el conocimiento de Dios, y llevando cautivo todo pensamiento a la obediencia a Cristo.
2 Corintios 10:3-5

¿Te has dado cuenta lo difícil que es dominar un mal pensamiento? Porque no todos son buenos pensamientos, existen muchos que lastiman, generan obstáculos para que conozcas a Dios de manera correcta y destruyen tus capacidades. Estos son pensamientos que no provienen de Dios, por el contrario fueron sembrados como mentiras por Satanás. Debemos aclarar que el diablo nunca podrá detener la obra del Señor en nuestras vidas, pero se dedicará a presentarte mentiras que te destruyan en aquellos puntos débiles de tu forma de ser. Recuerda que justamente él, es padre de mentiras.

Estas mentiras no pueden producir nada por si solas, necesitan que las empoderes, es decir, que tú les des poder para que se conviertan en verdad y te condicionen. **El diablo no puede detener los planes que el Señor tiene para tu vida, pero sembrará malos pensamientos para destruirte.**

Cuando un pensamiento nos aleja del conocimiento de quien es verdaderamente Dios generándonos supuestas verdades distorsionadas, estamos frente a pensamientos que hieren, porque te distancian de la verdad.

¿Sabías que el mundo entero a lo largo de toda su historia fue cambiado rotundamente por los pensamientos? Un pensamiento puede producir cambios extraordinarios en el mundo entero. Si es así, siempre me pregunto, ¿por qué no le pedimos a Dios que nos enseñe a pensar bien? Solemos pedirle a Dios todo tipo de cosas, pero nunca le pedimos tener grandes pensamientos.

Y lo más importante, ¿qué estará pensando el Señor acerca de ti? Podemos esconder muchos secretos de las demás personas, aun de nuestros padres, pero para Dios somos transparentes, Él conoce todo sobre nosotros, entonces pregúntate: ¿qué estará pensando acerca de ti?

Porque yo se los pensamientos que tengo acerca de vosotros, dice Jehová, pensamientos de paz, y no de mal, para daros el fin que esperáis.
Jeremías 29:11

Éste es uno de mis versículos preferidos porque desde niño siempre desee poder saber qué piensa la gente y saber qué piensa Dios acerca de mí, ¡Es genial!

Si Dios piensa bien de vos y desea que cumplas con tus anhelos, sólo debemos hacer nuestra parte, ser reflexivos y aprender a pensar correctamente.

¿Qué podemos hacer al respecto frente a estos pensamientos?

Algunas ideas prácticas para aprender a pensar bien:

ORA A DIOS PARA QUE ÉL TE DÉ LA CAPACIDAD DE ENFRENTAR A AQUELLOS PENSAMIENTOS QUE TE LASTIMAN

Del Señor son las armas para lograrlo y están disponibles para que las uses.

SÉ HUMILDE

Una de las peores cosas que podemos hacer es creernos que dominamos todas las cosas y que podemos descansar en nuestra opinión. Cuando ésto sucede quedamos presos de nuestras percepciones y estamos muy cercanos a caer en el error, por eso busca la humildad que te permitirá escuchar lo que te digan.

TEN OÍDO PARA ESCUCHAR LO QUE TE DICEN LOS DEMÁS

Ellos pueden estar viendo cosas que tú no observas. Tenemos mayor capacidad para ver errores en los demás que en nosotros mismos, aprovecha ésto, escuchando lo que los demás ven en ti.

NO SEAS ESCLAVO DE LO QUE SIENTES

Porque nuestros sentires pueden estar equivocados, por eso aprender a poner en duda lo que sientes, sobre todo si ésto no concuerda con una verdad de la Biblia.

MÁTALOS POR INANICIÓN

Los malos pensamientos requieren ser constantemente alimentados por otros malos pensamientos y malas conductas que los fortalezcan. Si deseas ser libre de su poder, deja de alimentarlos.

OBEDECE A CRISTO

Las mentiras sólo podrán ser destruidas por el poder de la Verdad. Llevar cautivo nuestros pensamientos es hacerlos esclavos de la Verdad de las palabras de Jesús.

REACCIONA

No se puede desear ser libres sin actuar, rebélate a ellos, con acciones específicas. Si temes hacer algo, hazlo. Si crees que no podrás, inténtalo.

ORACIÓN:

Señor, ayúdame a construir un espacio proxémico que me permita conocer lo que desconozco. No quiero ser como tantos jóvenes que no aceptan sus errores, permíteme tener toma de conciencia para darme cuenta de mis equivocaciones y conciencia reflexiva para poder modificarlos. Ayúdame a enfrentar mis pensamientos, a no entregarme a las mentiras y a llevarlos cautivos hacia la verdad de las palabras de Jesús. Capacítame para ser una persona reflexiva. Y enséname a tener pensamientos que cambien mi vida y la de los demás.

Amén

CAP 07

MENTES QUE ACCIONAN FRENTE A LO MALO

NO SE PUEDE EXIGIR
A UNA MENTE CHIQUITA
GRANDES IDEAS.

#MENTESPELIGROSAS

LLAMADOS PARA SER REBELDES

Esto tengo para decirte: ¡Debes convertirte en un rebelde! Sí, oíste bien, te lo repito, que debes convertirte en un rebelde. Contra todo lo que dicen los demás, no los oigas, rebélate. Sé un rebelde que rompa las cosas, que destruya, que aniquile, que no se detenga. Pero hazlo contra lo malo, no contra lo bueno. **Necesitamos en estos tiempos jóvenes que sean rebeldes, pero no a cualquier cosa, sino a lo que debemos rebelarnos.**

Algunos se rebelan a todo, sin importar si es bueno o malo. Son jóvenes que se comportar inmaduramente y se la pasan rompiendo absolutamente todo. Toda su vida está basada en el romper. Rompen, rompen y rompen. ¡Se la pasan rompiendo!

Rompen todo lo que sembraron en sus vidas, aquellos principios que creíamos que serían eternos. Ahora los discuten, se enojan por los comentarios y no tienen ganas de hacer nada de lo que para los adultos es importante.

Es para ellos una fuerza ingobernable.

Si a los demás les gusta el silencio, ponen la música a todo volumen. Si a la familia le gusta cenar todos juntos, ellos tienen cosas más importantes que hacer con su celular en lugar de estar conversando con los demás. Si a los padres les agrada algo harán justamente lo contrario. Les discutirán insolentemente, estarán de mal humor, se quejarán si tienen que ir a una reunión familiar, porque se aburren, y pasarán siglos en su computadora sin dar ninguna explicación de sus acciones.

Una vida en algunos de sus juegos de su Play Station, o un emoticón en su chat o una solicitud de amistad en las redes sociales serán literalmente muchísimo más importantes que los sermones acerca de cómo hicieron los mayores para crecer. Pondrán piloto automático cuando, con mucha pasión, se les comparta cómo se logró comprender las verdades de la vida. ¡Y ésto es solo el comienzo!

Debes ser un rebelde pero no a tus padres que te ponen límites, que aunque para ti sean injustos, estos límites son necesarios para que crezcas sanamente. Rebélate a lo malo, no a aquellos que desean tu bien.

Por supuesto que debes ser rebelde, por supuesto que no debes acatar a las leyes y normas, pero no a las que son para tu provecho, rebélate a lo que te hace mal, a aquellos que te dicen cosas que no son buenas para ti, ¡Rebélate a eso!

Deseas rebelarte, ¡Hazlo!. Rebélate contra lo que se te impone deseando que te vaya mal, a los que te manipulan. Si quieres ser un rebelde, hazlo a lo malo.

UNA VIDA CONQUISTADA ES UNA VIDA DE SACRIFICIO

Cuando Jesús les dice que si desean ser libres, sólo lo lograrán conociendo la verdad, estaba refiriéndose justamente a lo que compartimos antes, que no debemos ser esclavos de nuestras percepciones, pero también les dice que sólo conocerán la verdad si guardaban y obedecían los mandamientos y las enseñanzas que él les compartía.

En una oportunidad estaba dando una conferencia para padres de hijos adolescentes y me refería al respeto que los padres debían tener con sus hijos, al terminar la charla se acercó un jovencito que me dijo:

— ¡Adrián, quiero que hables con mis padres!

— ¿Qué quieres que les diga? — Le respondí.

— Quiero que hables con mis padres y les digas que me permitan ser guitarrista, porque ellos dicen que sí me hago guitarrista me voy a morir de hambre. ¿Tú qué piensas? — Me preguntó serio.

— ¿Qué pienso? — Le consulté — ¡Que te vas a morir de hambre!

— ¿Queeeé? — Me dijo sorprendido — ¡Pero si recién en la conferencia, dijiste lo contrario! — Se quejó el joven.

— Ah, pero espera, yo dije que los padres debían respetar la vocación de sus hijos, pero si deseas dedicarte a la música te morirás de hambre y no puedo ser yo cómplice de eso. — El joven me miraba consternado, pero proseguí diciéndole, — Existe una sola posibilidad para que no te mueras de hambre siendo músico, y es que te conviertas en el mejor músico que puedas ser. Si tú eres el mejor guitarrista que puedas llegar a ser, todos desearán estudiar contigo, todos te querrán en sus bandas, todos desearan escucharte, pero si tu objetivo es tocar la guitarrita, te morirás de hambre. Si quieres ser guitarrista sé el mejor que puedas ser, pasa horas entrenándote, practicando, toma clases con los mejores, que se te ampollen las yemas de tus dedos, y pasa horas tratando se ser lo mejor que puedas ser.

Algunos quieren la torta pero sin el horno, quieren crecer pero sin esfuerzo, quieren que sus maestros los aprueben en el colegio pero sin estudiar, es la ley del menor esfuerzo. ¡Imposible!

Existen muchas oportunidades donde la verdad incomoda, pero debemos tener en cuenta que **los grandes logros se alcanzan con grandes sacrificios.**

Concéntrate en lo que debes cambiar de tu forma de ser. Tener una *mente peligrosa* es tener la capacidad de modificarnos. Es muy importante que tengamos bien en claro, que nadie puede tomar las decisiones que sólo nosotros debemos tomar. Es nuestra responsabilidad que utilicemos toda nuestra atención en abandonar aquello que nos lastima y comprometernos en alcanzar lo que deseemos y ser lo mejor que podamos ser. No te quedes estancado en tus temores, ni en la mediocridad. **Un cristiano peligroso es aquel que no solo lo sueña, lo anhela sino que hace cosas por conseguirlo.** Por eso, ¡Muévete!

LAS COSAS NECESITAN ESTAR EN MOVIMIENTO

¿Sabías que los músculos se atrofian por falta de movimiento? Y también lo hace toda nuestra vida, si debes hacer cambios en tu forma de pensar o de comportarte, ¡Hazlo! Porque si no lo haces estarás atrofiando tu futuro. Así como los músculos se atrofian al no usarlos y quedarse quieto, también nuestra vida se atrofia cuando no hacemos lo que debemos hacer.

Para ordenar el mundo exterior debemos comenzar ordenando el mundo interior, y para ordenar el mundo interior, muchas veces debemos comenzar por el exterior. Y esto no es una contradicción, si deseamos ser personas maduras, debemos ser comprometidos con nosotros mismos. No te entregues a creer que lo que vives es lo que debes vivir. Dios es especialista en cambiar historias, pero requiere de ti que te comprometas accionando.

David derrotó a Goliat no por saber tocar el arpa sino por saber tirar piedrazos.

DURANTE MUCHO TIEMPO HEMOS OLVIDADO LO MÁS IMPORTANTE: QUE DIOS DESEA NUESTRA FELICIDAD

Recordemos que no somos ni soldados, ni clientes, ni empleados de Dios, somos sus hijos.

Dios cambiará tus planes solo para que pierdas el control y así El tomar el control de tus preocupaciones.

PODEMOS SER MUY EXITOSOS EN LO QUE HAGAMOS, PERO SINO TENEMOS AMOR, NADA SOMOS.

Que feo que es tenerlo todo pero no tener amigos, de la misma manera, tener toda la estructura y no tener iglesia.

#MentesPeligrosas
continuemos la conversación
sígueme en @adrian_intrieri

LA HISTORIA DE ELÍ, EL SIEMPRE SENTADO

Y se levantó Ana después que hubo comido y bebido en Silo; y mientras el sacerdote ***Elí estaba sentado en una silla*** *junto a un pilar del templo de Jehová.*
1 Samuel 1:9

Y cuando llegó, he aquí que ***Elí estaba sentado en una silla*** *vigilando junto al camino, porque su corazón estaba temblando por causa del arca de Dios. Llegado, pues, aquel hombre a la ciudad, y dadas las nuevas, toda la ciudad gritó.*
1 Samuel 4:13

Y aconteció que cuando él hizo mención del arca de Dios, ***Elí cayó hacia atrás de la silla*** *al lado de la puerta, y se desnucó y murió; porque era hombre viejo y pesado. Y había juzgado a Israel cuarenta años.*
1 Samuel 4:18

¡Qué poco interesante que es la vida de Elí! No conozco libros que se hayan hecho en su nombre, ni hay filosofías ni pensamientos de Elí en los libros de las bibliotecas. Es que Elí ha pasado inadvertido, porque lo que podemos observar es una conducta que se repite y que hace que se transforme en una característica de él. Pero sobretodo te invito a que observemos una conducta que se transformó en un *factor común*.

Llamamos factor común a aquellas conductas que son repetitivas. Los factores comunes son aquellas situaciones que al reiterarse podemos sacar conclusiones sobre ellas.

Elí tenía un factor común: comienza estando sentado, continúa estando sentado y termina sus días sentado. Lo encontramos muchas veces en situaciones sin accionar y cuando esto sucede, podemos caer en el peor de los errores, dejar que el aburrimiento y la rutina nos invada.

En el primer versículo, Ana una buena mujer, que padecía de esterilidad y que sería la madre del profeta Samuel, sufría por no poder ser madre y por las burlas que Penina le hacía por su situación. Por eso Ana subía al templo a orar y clamar hasta las lágrimas pidiéndole a Dios que le dé un hijo. Es ahí cuando Elí, *sentado en su silla*, observo el clamor de Ana y pensó que estaba ebria.

Cuando nos mantenemos estáticos perdemos la capacidad de analizar correctamente las cosas y sacamos conclusiones equivocadas. Estar sentado hace que no puedas desarrollar la capacidad reflexiva y la toma de conciencia, como ya hemos compartido.

ESTAR ESTÁTICO TE HACE RAZONAR MAL

Así como las cosas para que crezcan es necesario el movimiento, o como para que la materia sea materia los átomos deben moverse, así también nosotros no podemos pensar que estar estáticos nos ayudará en la vida.

Cuando optamos por actitudes rígidas en la vida entendemos mal las cosas.

«Sobre lo poco fuiste fiel, sobre lo mucho te pondré» (Mateo 25:23). Algunos quieren lo mucho sin pasar por lo poco.

Sólo el esfuerzo te llevará a alcanzar lo que Dios desea darte. El estará a tu lado ayudándote pero solo tú y ningún otro podrá alcanzar tus anhelos.

El éxito tiene que ver con tener menos truenos en la boca y más rayos en las manos. Nosotros debemos ser los que marquen la diferencia. Con que uno sólo se lo proponga todo puede cambiar. Dios está llamando a una generación que sea protagonista y ésto solo se logra accionando.

En el segundo versículo encontramos a Elí nuevamente sentado en su silla, cuando el pueblo de Israel fue derrotado por los filisteos y el Arca, la señal de la presencia de Dios entre el pueblo, fue capturada. Es ahí cuando Elí, sentado en su silla teme al escuchar la noticia de que el Arca había sido capturada.

ESTAR ESTÁTICO PRODUCE TEMOR

Y el último versículo, por tercera vez encontramos a Elí sentado en su silla y ya a la edad de noventa y ocho años y la Biblia comenta que era *pesado y viejo*. Al escuchar las malas noticias, Elí se cae de su silla y muere desnucado.

No se pueden recibir malas noticias cuando se es una persona pasiva, si ésto es así: sólo producirás malos resultados. Estar en movimiento y producir movimiento nos ayuda a no caer.

ESTAR ESTÁTICO TE HACE PERDER LA VITALIDAD

Los hábitos se convierten en conductas y las conductas hablan de nuestra vida. Por eso debemos cuidar los hábitos y conductas que se transforman en factores comunes. Dios nos creó para que hagamos cosas, para el movimiento, para el crecimiento. Ningún hijo de Dios puede entregarse al abandono y a conductas estáticas, porque Dios es nuestra fuerza para que accionemos.

FUIMOS CREADOS PARA LAS RELACIONES

No podemos vivir sanamente sin tener vínculos y relaciones en nuestra vida, necesitamos de los demás, de sentirnos escuchados, de compartir cosas y de saber que significamos algo para los demás.

TEMOR A LA SOLEDAD

Debido a que fuimos creados necesitando de las relaciones, le tememos a la soledad. Si bien existen momentos que puede ser que deseemos estar solos, no podemos vivir en soledad.

JESÚS ATENTO A NUESTRA NECESIDAD DE RELACIÓN

Justamente al ser creados para las relaciones y al tener plena conciencia de nuestro temor a la soledad, es que Cristo está atento a construir en nosotros relaciones de amistad y compañía.

JESÚS DESEA QUE TE SIENTAS BIEN

Él sabe cuántas cosas nos hacen sentir mal y lo difícil que son algunas de nuestras relaciones, por eso en el corazón de Cristo está que te sientas bien con él.

ORACIÓN:

Señor quiero ser un rebelde pero a lo malo, no permitas que caiga en el error de despreciar los buenos consejos. Que me rebele a lo que desee destruirme y no a lo que desee lo mejor para mi vida. Que nazca en mí, las acciones para hacerlo y que nunca me quede con los brazos cruzados frente al error.

Amén

CAP 08

JESÚS Y UN MANDAMIENTO PELIGROSO

LA AUTORIDAD ES EL RESULTADO DEL AMOR.

#MENTESPELIGROSAS

SE VIENE UNA IGLESIA DISTINTA

Cuando comencé a escribir este libro sobre animar a que seamos cristianos relevantes, jóvenes con mentes peligrosas para el sistema, mi oración constante era: **Señor, que este libro desafíe a pensar de manera diferente** sobre aquellas cosas que el tiempo, la tradición de nuestras iglesias, nuestra religiosidad, etc. hacen que no les demos importancia, y también sobre otras cosas que no son importantes y en las que gastamos mucha energía.

Una de las cosas que creo hemos olvidado es el verdadero significado de *iglesia*. Una idea muy importante es que comprendamos que no *vamos a la iglesia*, sino que *hacemos iglesia*. Yo inventé el termino *iglesiar.*

Porque creo que es importante que comprendamos que debemos *iglesiar*, porque sólo cuando *iglesiamos* nos damos cuenta que la iglesia tiene que ver con cómo nos comportamos y relacionamos nosotros, los cristianos.

Cuando una persona que no tiene nuestra fe critica a la iglesia, lo que está haciendo no es criticar a Dios sino a cómo somos nosotros los cristianos.

La iglesia no es una institución o una organización sino un cuerpo, es decir un tipo de relación, de unidad y amor.

Pero creo que hemos dedicado mucha energía a cosas que no deberían ser tan importantes. Por ejemplo, imagínate que sucedería si vinieran tiempos donde la iglesia fuese perseguida y estuviera prohibido reunirse, cantar o predicar. ¿Qué haríamos si ésto sucediera hoy en nuestros países? Primero, me imagino que no todos decidirían ser cristianos, seguro que no veríamos a todos los que vemos hoy llenando nuestros conciertos y eventos. Y segundo no nos reuniríamos en nuestros hermosos y tecnológicos templos. No nos serviría de nada los miles de dólares que gastamos en costosos sistemas de sonido o luces, ni en cómodos edificios, etc. Nada de eso nos serviría. Toda nuestra preocupación por las edificaciones quedaría en uno de los más ridículos recuerdos. ¿Qué nos quedaría? La iglesia, tal cual como la pensó el Señor, es decir, que nos quedaría solamente la gente. Nos quedaría sólo un puñado de cristianos realmente apasionados y convencidos de que están dando su vida, literalmente, por su fe. Oro para que esto suceda y así surgirá una iglesia verdadera.

Una de las cosas que vengo observando es cómo muchos se llenan la boca de oraciones pidiéndole a Dios por un avivamiento. ¿Has observado ésto? Pero mi conclusión es que el Señor no nos envía un avivamiento, porque si ésto sucediera, nosotros los cristianos no nos bancaríamos que nuestras hermosas y equilibradas comunidades en nuestras iglesias se vean invadidas por lo que sostenemos son personas pecadoras. Piensa en ésto por un momento. Si Dios avivara nuestras ciudades y miles creyeran milagrosamente, nuestros templos se colmarían de enfermos de sida, drogadictos, narcos, prostitutas, mareros, o travestis y qué haríamos nosotros *los autoproclamados santos*, discutiríamos, ¿A qué baños van a ir los travestis? Por eso Dios no envía un avivamiento, porque en lo profundo de nuestro corazón, no lo deseamos de verdad.

Debe aparecer la iglesia efectiva, que aprenda a *iglesiar* con aquellos que son desechados por el mundo y lastimados por la religión. Y así nos convertiríamos en la iglesia que enseñó Jesús. Esa que pensó cuando lavó los pies a sus amigos.

JESÚS LAVA LOS PIES DE SUS DISCÍPULOS

Quiero compartirte algunas ideas que han revolucionado mi vida en los últimos años. Estas enseñanzas son el resultado de haberme rodeado de amigos que me han ayudado, animado y desafiado a ver lo que antes no podía ver. A ellos les debo una de las crisis de fe más **profundas que tuve, al darme cuenta qué lejos estaba de haber sido realmente un cristiano. Puedo decir con total seguridad que a estos, mis amigos les debo mi vida.**

Presta mucha atención a lo que te compartiré, porque es una bomba a nuestra religiosidad.

Jesús sabía que había llegado su hora, no le quedaba mucho tiempo en esta tierra. Ya se cumplían tres años de su ministerio y detrás de cada día vivido, se recuerdan miles de anécdotas. Pero había llegado el momento de preparar a sus amigos, para el final de este recorrido. Se estaba despidiendo de sus discípulos y su sensación era que aún no estaban preparados. Entonces tiene una conversación que durará cuatro capítulos desde Juan 13 al 17.

Me imagino a Jesús preocupado por lo que debía enseñarles. **Esta es su última conversación antes de la cruz, en una de las más intensas charlas que tuvo con ellos, les revela la enseñanza más poderosa de todas.**

Antes de la fiesta de la pascua, sabiendo Jesús que
su hora había llegado para que pasase de
este mundo al Padre, como había amado a
los suyos que estaban en el mundo,
los amó hasta el fin.

Juan 13:1

Lo primero que surge de este pasaje es que Jesús tiene plena consciencia de que ya es el final de su ministerio y que no tiene tiempo que perder. Jesús había pasado tres largos años con este grupo, y la mayoría de las enseñanzas no habían sido bien comprendidas, por eso me imagino que el Señor debe haber pensado la manera para que esta enseñanza sí sea bien entendida. Porque no iba a tener oportunidad de volver a enseñarles esto, porque lo siguiente a esta conversación seria el huerto, la traición, el padecimiento y la cruz.

Pero lo que dice el final de este pasaje también es importantísimo: ¡Jesús los amó hasta el fin!

¿Quién podría amar tan intensamente hasta el fin de las cosas?

¿Que significaría hasta el fin?

¿Cuán intenso sería amar de esa manera?

¿Podremos llegar nosotros alguna vez a amar hasta el fin a alguien?

Pero no sólo su amor incondicional, eterno y sin límites es la característica de esta conversación, también Juan nos cuenta que Jesús está en su mejor momento.

...sabiendo Jesús que el Padre le había dado
todas las cosas en las manos,
y que había salido de Dios, y a Dios iba...

Juan 13:3

Notemos que Jesús no estaba perdiendo, ni estaba derrotado. Aún en esta situación de estar frente a la muerte y el final de su ministerio. **Jesús tiene plena claridad que de él eran todas las cosas porque Dios Padre se las había entregado.**

¿Qué haría un hombre o una mujer si de él o ella fueran todas las cosas?

Jesús muestra lo que sólo él haría teniendo todo el poder en sus manos:

...se levantó de la cena, y se quitó su manto,
y tomando una toalla, se la ciñó.

Luego puso agua en un lebrillo,
y comenzó a lavar los pies de los discípulos,
y a enjugarlos con la toalla con que estaba ceñido.

Entonces vino a Simón Pedro; y Pedro le dijo:

Señor, ¿Tú me lavas los pies?

Respondió Jesús y le dijo:

Lo que yo hago, tú no lo comprendes ahora;
mas lo entenderás después.

Pedro le dijo: No me lavarás los pies jamás.

Jesús le respondió: Si no te lavare,
no tendrás parte conmigo.

Le dijo Simón Pedro: Señor, no sólo mis pies,
sino también las manos y la cabeza.

Jesús le dijo: El que está lavado,
no necesita sino lavarse los pies,
pues está todo limpio;
y vosotros limpios estáis, aunque no todos.

Juan 13:4-10

Una situación muy extraña. ¡A quién se le ocurriría teniendo el poder de hacer lo que quisiera, hacer semejante cosa como lavarle los pies a los discípulos!

Me imagino lo aturdidos y sorprendidos que estarían los apóstoles. No comprenderían en absoluto el significado de las acciones de Cristo. Es que no podía su Señor hacer lo que estaba haciendo.

Jesús era un Rabí y siendo un maestro no podía ofender a la investidura de su reconocido cargo haciendo algo religiosamente incorrecto. Él mismo se estaba menospreciando. Por eso los discípulos se sienten tan perturbados y no desean ser lavados, porque estaban siendo cómplices en ofender a su maestro.

Por eso una vez más Pedro se muestra como nosotros lo hubiésemos hecho, demostraríamos que algo no funciona bien.

Pedro se niega a ser lavado suponiendo que ésto ofendería a su Maestro, pero Cristo lo sorprende con una afirmación que los descolocaría aún más. — ¡Si no me dejan que los lave, no tendrán parte conmigo!—

¿Cómo es ésto? ¿Debemos permitir que nos lave los pies para poder ser salvos? Hasta el momento ellos tenían claridad del llamado al arrepentimiento y al reconocimiento de Cristo como Señor y Salvador, pero nunca nadie había mencionado nada acerca de la limpieza de alguna parte del cuerpo para ser salvos. Esto se estaba convirtiendo en una conversación muy extraña.

Fue ahí donde Pedro, cambia rotundamente y viendo que con los pies sucios no iba tener vida eterna, le ruega que no solo le lave los pies sino las manos, la cabeza y lo que sea. Pero él se refería a otra cosa.

Así que, después que les hubo lavado los pies, tomó su manto, volvió a la mesa, y les dijo:

¿Sabéis lo que os he hecho?

Juan 13:12

Creo que ésta es la peor de las preguntas, si habían comprendido lo que había hecho. Si hasta hoy podemos

LAS MARCAS DE LA VIDA, DEBEN SER ESO, MARCAS QUE DEN CUENTA QUE ESTAMOS VIVOS

La generosidad bendice más que la obediencia.

#MentesPeligrosa
continuemos la conversaci
sígueme en @adrian_intrie

CUANDO DEJAMOS DE APRENDER DEJAMOS DE SER IGLESIA

La vida se hace más fácil cuando uno tiene amigos que hacen iglesia con vos

Jesús es tan grande que aún humillándose mantuvo su grandeza

Cuántos hay qu dicen que disfruta la Gracia de Dio en sus vidas, perc se la niegan a otros.

disentir ¿Imagínense entre ellos en ese momento? Observen que ninguno respondió y Jesús siguió con la conversación.

Vosotros me llamáis Maestro, y Señor;
y decís bien, porque lo soy.

Pues si yo, el Señor y el Maestro,
he lavado vuestros pies,
vosotros también debéis lavaros los pies
los unos a los otros.

Porque ejemplo os he dado, para que
como yo os he hecho, vosotros también hagáis.

Si sabéis estas cosas, bienaventurados seréis
si las hiciereis.

Juan 13:13-17

Una de las escenas más conocidas de Jesús pero menos comprendida. Porque históricamente la hemos reducido al concepto de humildad y servicio y me parece a mí, que ahí radica nuestro error. Empobrecimos una de las enseñanzas más importantes que resumen el legado de Cristo a la iglesia.

Históricamente la iglesia enseñó que, cuando Jesús lavó los pies de los discípulos lo hizo como una clara señal de la humildad y servicio, pero no creo que sea este el objetivo de Cristo. Sostengo sin temor a equivocarme que **cuando Jesús lavó sus pies, no lo hizo como enseñanza de humildad o servicio, sino de otra cosa.**

Cristo estaba permitiendo que aprendamos lo más importante, que es:

Lavar al otro.

Despojar de lo sucio en el otro.

Producir en el otro que este mejor que vos.

Ensuciarte para que el otro esté limpio.

Que el otro este en mejores condiciones que vos.

Pero esto es inconcebible para los religiosos legalistas.

Esto es injusto.

Cada uno debería dar cuenta de las consecuencias de sus acciones.

Es que ésta sería una nueva dimensión de la fe, un nuevo mandamiento.

Es en este momento después de haberlos lavado, que Cristo comparte la fórmula para convertirse en iglesia:

Un mandamiento nuevo os doy:

Que os améis unos a otros;
como yo os he amado,
que también os améis unos a otros.

Juan 13:34

Hemos cometido el error de separar estas dos escenas, la del lavamiento de los pies con la declaración de un cambio al paradigma acerca del amor.

Jesús les comparte y enseña una nueva dimensión de la fe, los discípulos conocían acerca del amor porque seguramente ellos amarían como nosotros también amamos.

Como todos hemos amado a lo largo de la historia de la humanidad.

El amor esta presente en las historias más épicas e increíbles:

Taj Majal

Romeo y Julieta.

París y Helena y la historia de Troya.

Los poemas de Becquer.

Las canciones de Montaner.

Pero este amor, que transforma todo lo conocido, es algo nuevo.

Es un nuevo mandamiento. Algo hasta el momento totalmente desconocido.

«Ámense los unos a los otros, pero como yo os he amado». No como nosotros sabemos hacerlo sino como Jesús lo hizo. Por eso debemos ser menos parecidos a nosotros y más parecidos a Él. Hacer iglesia es que seamos como Jesús.

Ésto es lo que hemos descuidado, haber desconectado el lavamiento de los pies, con el nuevo mandamiento, a partir de ahora amarnos pero como Jesús nos ha amado.

Y el amor de Jesús es el amor que lava al otro, que se sacrifica por el otro.

Y tristemente déjenme decirles que no se encuentra este amor.

¿Qué sucedería si cuando todos estemos en la presencia del Señor, en la eternidad, Dios nos dijese que a lo que nosotros llamábamos iglesia, no era para él iglesia, porque la fórmula para convertirse en iglesia era amarse como Jesús nos amó? Y nosotros nunca pusimos en práctica semejante mandamiento. La iglesia ha maltratado al que piensa distinto, ha castigado al que erró, no ha acompañado al lastimado y ha sembrado cargas que son imposible de llevar. ¿Qué sucedería si pasara esto, si las millones de iglesias que sostenemos que son iglesias porque son instituciones religiosas, no fuesen para Dios iglesias, porque no predomina el amor de Jesús en ellas? ¿Qué pasaría si el amarnos como él nos amó fuese excluyente para convertirse en iglesia? Sé que puedo pecar de insolente, pero déjame aclarar que sólo alguien que respeta y ama a la iglesia puede hacerse esta pregunta tan incómoda.

En el versículo 13:15 Jesús les dice a los discípulos cuando termina de lavarlos:

Porque ejemplo os he dado, para que como yo os he hecho, vosotros también hagáis.

Juan 13:17

Este es el nuevo mandamiento, amar como Jesús lavándonos los unos a los otros, en nuestras suciedades, basados ya no en nuestra pobre manera de amarnos, sino en el amor de Jesús.

Y agrega:

En esto conocerán todos que sois mis discípulos,
si tuviereis amor los unos con los otros.

Juan 13:35

En una oportunidad compartí con un predicador juvenil en un congreso y él tuvo una prédica increíble sobre que los cristianos no podíamos ser cristianos sin las manifestaciones del Espíritu, este joven predicador, compartió que sin *poder no hay evangelio*.

¡Para mí, él tenía razón! ¡Y todos estamos de acuerdo con ésto!

Pero Jesús, no yo, ni otro, el mismísimo Jesús, dice:

Conocerán que estuvieron conmigo, si se aman como yo os he amado.

¡Y entonces sí, seremos distintos!

Cualquiera puede hacer milagros, pero sólo un discípulo verdadero de Jesús puede amar como él amó. Parecería que Jesús está levantando la vara que evaluará a los cristianos.

Son iglesia aquellos que se aman, no aquellos que tienen poder y milagros. Porque **los poderes, los dones, los milagros, etc., pueden tenerlos y hacerlos cualquiera, pero amar como Jesús lo hizo, solo lo podrá hacer un cristiano de verdad.**

¿Recuerdas este pasaje?

Si yo hablase lenguas humanas y angélicas, y no tengo amor, vengo a ser como metal que resuena, o címbalo que retiñe.

Y si tuviese profecía, y entendiese todos los misterios y toda ciencia, y si tuviese toda la fe, de tal manera que trasladase los montes, y no tengo amor, nada soy.

Y si repartiese todos mis bienes para dar de comer a los pobres, y si entregase mi cuerpo para ser quemado, y no tengo amor, de nada me sirve.

1 Corintios 13: 1-3

Recién comprendiendo el nuevo mandamiento, es que alcanzaremos a entender 1 Corintios 13, que no sirve de nada lo que hagamos, si no tenemos amor.

Veamos algo más, porque Jesús sigue explicándoles este nuevo mandamiento.

Comprendamos que todo lo que leeremos es parte de la misma conversación:

Si me amáis, guardad mis mandamientos.

Y yo rogaré al Padre, y os dará otro Consolador,
para que esté con vosotros para siempre

Juan 14:15 y 16

Si me aman, guarden mis mandamientos, ¿Cuáles? El de dejar de amar como nosotros amamos y aprender a amar como

Jesús nos amó, con el lavamiento, con lo que de esa manera conocerán que somos discípulos de Jesús.

El que tiene mis mandamientos, y los guarda,
ése es el que me ama; y el que me ama,
será amado por mi Padre, y yo le amaré,
y me manifestaré a él.

Juan 14:21

El que me ama (como yo os he amado) ese guardará mis mandamientos. Lo que Jesús enseña es que nos lavemos, que nos sacrifiquemos por los demás, y así viéndonos como nos amamos, la gente se dé cuenta que somos discípulos de Jesús.

El que cumple con este nuevo mandamiento y lo guarda, es decir que lo pone en acción, será amado por mi Padre y por mí, dice Jesús y entonces te seguirán las manifestaciones del Espíritu, porque Jesús se manifestará en vos.

Se hará visible el poder de Dios.

¡Si amas a Jesús debe ser con el nuevo mandamiento!

Yo soy la vid verdadera, y mi Padre es el labrador.

Todo pámpano que en mí no lleva fruto, lo quitará;
y todo aquel que lleva fruto, lo limpiará,
para que lleve más fruto.

Juan 15: 1-2

Jesús se los complica aún más a los discípulos porque les dice que se puede estar cerca de él pero no pertenecer a él. De hecho, Judas es el claro ejemplo de ésto.

Dios no se deleita en nosotros porque lograremos cosas para El, se deleita por el simple detalle que nos ama.

Una iglesia sana es aquella que no llama mundanos de manera despectiva a los que no tienen nuestra fe.

LA GENEROSIDAD Y EL AGRADECIMIENTO ES LA VACUNA CONTRA EL FRACASO

DIOS NO NECESITA NUESTRA RELIGIOSIDAD

Un líder sano nunca es techo para su equipo sino que capacita a personas que deben llegar a ser mejores que él.

Si no podemos reír con los que ríen, menos podremos llorar con los que lloran.

#MentesPeligrosas
continuemos la conversación
sígueme en @adrian_intrieri

Jesús es la vid y el que no lleva frutó lo quitará, pero ¿cuál es el fruto que Jesús menciona?

Hemos creído que fruto son los milagros y los prodigios, o para algunos el fruto es leer la Biblia y conocerla y, para otros podría ser, cumplirla y estudiarla, y ¿Saben qué? no es ninguna de éstas. Son resultados del fruto pero no es el fruto en sí.
Llevar fruto es el nuevo mandamiento porque de eso es lo que Jesús sigue hablando, nunca cambió de tema.

Podríamos parafrasear a Jesús diciendo:

Yo amo como nadie ha amado y el que está conmigo debe amar así. Si amas como yo he amado, lavando a los sucios, entregándote por los demás hasta olvidarte de vos mismo y sacrificándote por amor, serás como yo y entonces harás cosas mayores que las que yo hice.

Ahora, el que dice estar conmigo pero no ama como yo he amado, mi Padre lo quitará, se secará y lo quemará, pero el que decide aprender a amar como yo, mi Padre le enseñará a hacerlo y entonces nosotros estaremos con él y mis manifestaciones estarán en él.

Debo reconocer que me he topado con muchos religiosos que a simple vista uno se da cuenta que están secos. Tienen sólo una mirada de juicio hacia los demás y no pueden amar. Están constantemente golpeando con sus enseñanzas al pueblo, recriminan que son sólo ellos los santos y el pueblo es maltratado.

Tuve un pastor por unos meses, su nombre era Ramón, y digo meses porque ya no podíamos soportar sus agresiones y desprecios, su oración a Dios desde el púlpito y frente a nosotros era:

— ¡Señor, por qué me has dado un pueblo tan desobediente!— ¡Imagínate!

Al contrario, mi oración era: — ¿Señor por qué nos diste a este pastor?—

Muchos están secos, porque no hay amor en sus vidas, no pueden comprender a los que se equivocan y entonces en lugar de lavarlos los hieren y castigan.

¿Sabías que hay más cristianos heridos en sus casas que abandonaron nuestras iglesias que cristianos que se congregan fielmente los fines de semana? Oro para que Dios levante una generación peligrosa formada por personas que amen como Jesús amó y uno de ellos eres tú.

Ya vosotros estáis limpios por la palabra que os he hablado.

Permaneced en mí, y yo en vosotros.

Como el pámpano no puede llevar fruto por sí mismo,
si no permanece en la vid, así tampoco vosotros,
si no permanecéis en mí.

El que en mí no permanece, será echado fuera como pámpano,
y se secará; y los recogen, y los echan en el fuego, y arden.

Si permanecéis en mí, y mis palabras permanecen en vosotros,
pedid todo lo que queréis, y os será hecho.

Juan 15:3-7

Aquí aclara que debe existir poder en tu vida pero como consecuencia del amor de Jesús.

En esto es glorificado mi Padre, en que llevéis mucho fruto,
y seáis así mis discípulos.

Como el Padre me ha amado, así también yo os he amado;
permaneced en mi amor.

Si guardareis mis mandamientos, permaneceréis en mi amor;
así como yo he guardado los mandamientos de mi Padre,
y permanezco en su amor.

Juan 15:8-10

¡Queda claro aquí!

Este es mi mandamiento:

Que os améis unos a otros, como yo os he amado.

Juan 15:12

Si alguno no está muy convencido todavía, Jesús vuelve a aclararlo.

Nadie tiene mayor amor que este,
que uno ponga su vida por sus amigos.

Vosotros sois mis amigos, si hacéis lo que yo os mando.

Ya no os llamaré siervos, porque el siervo no sabe
lo que hace su señor;
pero os he llamado amigos,
porque todas las cosas que oí de mi Padre,
os las he dado a conocer.

No me elegisteis vosotros a mí,
sino que yo os elegí a vosotros,
y os he puesto para que vayáis y llevéis fruto,
y vuestro fruto permanezca;
para que todo lo que pidiereis al Padre en mi nombre,
él os lo dé.

Esto os mando: Que os améis unos a otros.

Juan 15:13-17

¡Deténganse! Aquí Jesús suma otro concepto: **el que ama sube de categoría, ya no será llamado siervo, sino amigo.** Y todo lo que el amigo pide en el nombre de Jesús, será hecho. Por eso, este tipo de amor tan incondicional Jesús te pide que lo tengas por tus amigos, los tuyos que debes amar hasta el fin.

Si es así, ¿por qué históricamente la iglesia prefirió llamarse *siervos* si el mismísimo Jesús nos quiere llamar amigos?

Todavía mantenemos el renombre de «el gran siervo de Dios», cuando sólo deberíamos llamarnos, amigos.

Es que sólo se gana este nuevo título si estas en el nuevo mandamiento.

Deberíamos pensar en este nuevo mandamiento para obtener este nuevo título.

¿Saben qué? Yo ya no quiero que alguien me llame siervo, el gran siervo de Dios, quiero que me llamen amigo.

Y la última conversación de Jesús con sus amigos, termina con un broche inolvidable: Jesús ora por sus discípulos.

Yo ruego por ellos; no ruego por el mundo,
sino por los que me diste; porque tuyos son,
y todo lo mío es tuyo, y lo tuyo mío;
y he sido glorificado en ellos.

Y ya no estoy en el mundo; mas éstos están en el mundo,
y yo voy a ti. Padre santo, a los que me has dado,
guárdalos en tu nombre, para que sean uno,
así como nosotros.

Juan 17:9-11

Mas no ruego solamente por éstos,
sino también por los que han de creer en mí por la palabra de ellos,
para que todos sean uno; como tú, oh Padre, en mí,
y yo en ti, que también ellos sean uno en nosotros;
para que el mundo crea que tú me enviaste.

La gloria que me diste, yo les he dado,
para que sean uno, así como nosotros somos uno.

Yo en ellos, y tú en mí, para que sean perfectos en unidad,

para que el mundo conozca que tú me enviaste,
y que los has amado a ellos
como también a mí me has amado.

Juan 17:20-23

Padre justo, el mundo no te ha conocido,
pero yo te he conocido, y éstos han conocido
que tú me enviaste.

Y les he dado a conocer tu nombre,
y lo daré a conocer aún,
para que el amor con que me has amado,
esté en ellos, y yo en ellos.

Juan 17:25 y 26

Conclusión, y ¡Deseo que te explote tu cabeza!

Sólo el mundo creerá cuando hagamos algo que sólo los cristianos podemos hacer y nadie puede imitar: ser como Jesús.

Pero, ¿Qué significa ésto?:

Cumplir con el nuevo mandamiento.

Amarnos, no como nosotros amamos, sino como Jesús nos ha amado. Lavarnos, cuidarnos, sostenernos, acompañarnos, retarnos, curarnos, basados en el amor de entrega, sacrificio como Jesús.

Entonces estaremos morando en Jesús y viviendo en él.

Y todo lo que pidiéramos en su nombre él lo hará, si amas como Jesús te amó.

Y obtendrás una nueva dimensión en la relación con Cristo, dejarás de ser siervo para ser amigo.

Conocerás una dimensión de Dios, de Jesús y del Espíritu y serás amigo y no siervo. No servirás a Dios y a su obra, serás algo más valioso e importante: serás amigo de Aquel que te salvó.

Y por último y esto es lo más increíble, es que Jesús oró para que seamos uno en este nuevo mandamiento y nuevo título. Es decir, que seamos uno siendo ya no siervos sino amigos.

Pero **no una amistad como la que ofrece el mundo porque este nuevo título no es del mundo sino de Dios.**

¿Cuántos amigos tienes?

¿Cuántos de ellos te mantendrían económicamente si tu te quedáras sin trabajo por años?

¿Cuántos de tus líderes te comprarían una casa porque no tienes donde vivir?, y cuidado, que no estoy diciendo que se la compres a tus líderes, sino que tus líderes alquilando su casa, saquen un préstamo para comprártela y ellos sigan alquilándola! ¡Eso es amar sacrificadamente!

¿Cuántos si tus padres murieran, te adoptarían como hermano?

¿Cuántos si los traicionáras ellos seguirían amándote como la primera vez?

¡Necesitamos crear grupos de amigos así, porque en eso pensó Jesús cuando oró para que seamos uno! Sólo así seremos realmente iglesia y peligrosos.

En una unidad distinta, esa clase de unidad que sólo podría existir si amas de una manera distinta.

Yo me di cuenta que tengo muchos amigos a lo largo de todo el continente pero que no son realmente mis amigos, nos apreciamos, respetamos y hasta hacemos cosas juntos, pero no son amigos como les estoy comentando. Y he tomado la decisión de no llamar amigo a quien no lo es, porque el término amigo es el más alto de los reconocimientos.

Una de las mentiras de Satanás más aceptadas y hasta enseñadas en el liderazgo es que el pastorado es solitario. ¡Mentira! Sólo un pastorado que no hizo iglesia, que no tiene amigos, que sólo quiere ser siervo pero no amigo, que desea ser amado pero que no ama, vive en soledad. El liderazgo que pensó Jesús es un liderazgo que formó equipo de amigos donde el pastor no es el líder sino uno más del grupo y donde se rodea de amigos que harán su vida y ministerio más fácil. Si no logramos ésto tendremos líderes omnipotentes, inseguros, desconfiados de otros líderes y autoritarios en el discurso pero solitarios en la vida real.

Y creo que debemos enseñar a construir esta clase de amistad, donde todos seamos iguales, siendo como Jesús.

ORACIÓN:

Señor perdóname por mi falta de amor, quiero aprender a amar como amaste. Ayudar y acompañar a otros y dejarme ayudar y ser acompañado. Capacítame para hacer una iglesia más parecida a ti y que el fruto de mis acciones sea tu amor. Gracias por llamarme tu amigo. Te amo.

Amén.

CAP 09

ES POSIBLE SER PELIGROSO

SEREMOS TESTIGOS DE LA GRANDEZA DE JESÚS SI DEJAMOS QUE ÉL TOME EL CONTROL DE NUESTRAS VIDAS.

#MENTESPELIGROSAS

UN HOMBRE PELIGROSO

Hay muchos que por más que se les predique millones de veces, no permitirán que el mensaje genere un pensamiento radical en ellos. Y ésto no es nada nuevo, ya le pasó a un personaje de la Biblia que sabía cómo generar peligro. Este personaje era Juan el Bautista.

Juan era un profeta muy particular, era de esos predicadores que seguramente no lo invitaríamos a nuestras iglesias, porque era irreverente y peligroso, hasta te diría que mal educado. Se vestía de una manera extraña, comía cosas más extrañas aún y hablaba con palabras duras de escuchar. Pero en palabras de Jesús, nunca habrá un profeta más grande que él. ¿Sabes por qué? Porque era un generador de peligro.

Cuenta el libro de Marcos capítulo 6 que Juan era muy duro contra la corrupción moral que tenía el reinado de Herodes, pues le había robado la esposa a su hermano, es decir que había tomado como mujer a su cuñada. Y Juan el Bautista denunciaba públicamente esto, tanto que sus palabras habían llegado a oídos del mismísimo Herodes y su cuñada ahora su mujer, Herodías. Por esto, Herodías hacia todo lo posible por matarlo, pero no podía porque Herodes cuidaba de Juan. Raro, ¿No?

Cuenta Marcos 6:17 al 20

«Porque el mismo Herodes había enviado y prendido a Juan, y le había encadenado en la cárcel por causa de Herodías, mujer de Felipe su hermano; pues la había tomado por mujer.

Porque Juan decía a Herodes:

No te es lícito tener la mujer de tu hermano.

Pero Herodías le acechaba, y deseaba matarle, y no podía; porque Herodes temía a Juan, sabiendo que era varón justo y santo, y le guardaba a salvo; y oyéndole, se quedaba muy perplejo, pero le escuchaba de buena gana.»

Observa bien esto. Herodes no permitía que maten a Juan, porque le gustaba como Juan predicaba. Seguramente las prédicas de Juan eran muy interesantes para el rey y las escuchaba con buena gana y valoraba a Juan como un hombre distinto, escuchaba todas sus enseñanzas pero nunca se convirtió. **Muchos se pasan la vida de culto en culto y de predicación en predicación pero nunca permiten que estos mensajes produzcan cambios.**

¿Te has dado cuenta de la cantidad de prédicas que escuchamos anualmente? A esta altura deberíamos ser doctores en vida cristiana teniendo en cuenta todas las decisiones que hemos tomado con las prédicas que escuchamos o los libros que leímos, pero seguimos siendo los mismos. ¿Qué nos está sucediendo? ¿Por qué debemos escuchar los mismos mensajes una y otra vez para que sean efectivos?

Existen muchos que se pasarán la vida escuchando sin darle lugar a que la Palabra produzca cambios, sólo toman las prédicas como entretenimiento, pero más me preocupa, cuando nosotros como iglesia no tenemos como Juan el Bautista un mensaje que genere peligro sino que sólo entretenemos.

Creo, y esto es una apreciación muy personal, que sucede porque no estamos predicando de manera efectiva.

NO TODO LO QUE BRILLA... ES UNGIDO

A veces estamos en barcas en medio de la tormenta con el viento contrario pero espera, ya viene hacia ti Cristo caminando por los aguas.

Qué extraños tiempos éstos que no derramaríamos perfume sobre los pies de Jesús, porque lo venderíamos para sumar a la construcción del templo.

UNA COSA ES IR A LA IGLESIA Y OTRA MUY DISTINTA ES IGLESIAR

#MentesPeligrosas
continuemos la conversación
sígueme en @adrian_intrieri

JESÚS EN SU GRANDEZA SE HUMILLO PARA QUE NOSOTROS EN HUMILDAD ALCANCEMOS GRANDEZA

Sólo cuando enfrentemos nuestros temores más grandes podremos ver lo pequeños que eran.

Nuestras prédicas son atractivas y bien pensadas, tenemos buenas historias, y éstas están muy bien contadas y somos los cristianos comunicadores de excelencia, muchísimos mejores que lo seculares.

Pero el problema no está ahí, el problema está en que nos pasamos predicando lo mismo pero de distintas maneras. Podríamos reducir a una veintena de temas que en el fondo terminamos diciendo lo mismo. Nuestras prédicas son siempre sobre los mismos temas.

Son mensajes para que se comprometan, para que sean animados, para que prediquen, para que ofrenden, para que se lleven bien entre ellos, etc., mismos temas pero con distintas historias.

Fíjate que la mayoría de los llamados al finalizar toda prédica, terminan siendo los mismos. No sorprendemos con pensamientos que generen cambios radicales. Y ésto nos sucede porque no hemos sido enseñados a pensar.

En una cumbre de liderazgo me tocó participar de un foro sobre «Por qué la iglesia pierde a los universitarios». Me pareció muy buen tema y la verdad es que se compartieron muy buenas conclusiones. En síntesis, la iglesia pierde a los universitarios porque los jóvenes cristianos van a la universidad y allí los obligan a pensar y entonces, se sienten seducidos y atrapados con ésto y cuando vuelven a sus iglesias deseando poder compartir qué bueno que es pensar, se vuelven peligrosos y terminan siendo desanimados por la iglesia.

Triste, porque podríamos aprovecharlos para que nos enseñen a pensar nuestra fe y a generar nuevas ideas de cómo ser revolucionarios en un mundo superficial.

Ya pasé mis 40, pero deseo con todas mis fuerzas ver adolescentes que se atrevan a ser más que los que conocen, ser más osados, valientes, apasionados y peligrosos, lograr más que lo que hemos logrado.

Deseo ver adolescentes y jóvenes que estudien hasta ser los mejores en sus profesiones y en sus oficios. Que marquen la diferencia, convirtiéndose en peligrosos, en mentes peligrosas a lo establecido. Que vayan a buscar lo que no existe, que no estén detrás de lo que ya se alcanzó.

¿Pero qué hay de ti? ¿Hacia dónde quieres ir? ¿Qué te dio Dios para ser relevante, distinto y peligroso?

Jesús fue peligroso y nos dejó un desafío emocionante, nos anima a que no nos pongamos un techo, a que nos convirtamos en personas que siembren peligro. Nos desafía a que busquemos más y que anhelemos alcanzar lo que nadie se ha dado cuenta que es necesario alcanzar, por eso Cristo nos permite que seamos más que él...

Y aún mayores cosas que yo hice, ustedes harán... dijo Jesús. Yo agregaría y que generen peligro.

Pero algo se esta gestando, algo que viene y que te incluirá. Algo que se acerca de parte de Dios. Yo sé que Él está levantando una nueva generación de jóvenes que harán iglesia de una manera más efectiva que la que hicimos nosotros los adultos. Son aquellos que tienen una sensibilidad por sus compañeros de escuela que no la hemos tenido nosotros, son aquellos que se atreven a pensar y hacer cosas distintas. Son estos valientes de Dios que no les importará ser criticados, menospreciados o disciplinados, llevarán la bandera del amor de Jesús a miles que no se les permite entrar en nuestros templos o reuniones por ser pecadores. Esta nueva generación se atreverá a ir por más y serán como Jesús. Recibirán las amenazas y criticas como las que recibió Cristo y ésto los fortalecerá. Les prohibirán ser sensibles y comprensivos y ésto los hará más efectivos. Serán lo que nosotros no pudimos llegar a ser y eso me emociona. ¡Tú serás mejor que yo, lo sé, lo creo con todo mi corazón!

¡Oro para que este mensaje te acompañe en tu vida! Que te animes, que revoluciones tu vida, tu entorno, tu familia, tus amigos, tu iglesia. Que generes un peligro verdadero y radical, esa clase de peligro que está basado en el amor y que aunque todas las cosas pasen, tu legado perdure e inspire a otros.

Oro para que tu vida y la mía, tus días y mis días, tu muerte y la mía, genere en otros lo que nadie pudo generar. Que seas peligroso, como lo fue Jesús.

Comencemos a *iglesiar* como lo hizo Cristo.

Hasta la próxima. Te ama.

Adrián

UNA IGLESIA SANA ES AQUELLA QUE NO DICE TE ALEJASTE DE DIOS PORQUE TE CAMBIASTE DE IGLESIA

Llegó el momento de pedirle a Dios que nos avive, pero Dios no aviva a aquellos que no reconocen su necesidad

#MentesPeligrosas
continuemos la conversación
sígueme en @adrian_intrieri

Hagamos lo posible que Dios hará lo imposible, ¡no al revés!

La iglesia debería estar obligada a repensar continuamente sus formas sin modificar absolutamente nada del contenido

Que bueno que es saber que nadie podrá destruir lo que Jesús hizo por nosotros.

SI NO TENEMOS EL CORAZÓN DE JESÚS PODEMOS HACERLE DECIR A LA BIBLIA LO QUE QUERAMOS.

NOTAS:

NOTAS:

NOTAS:

NOTAS: